U0826971

职业教育城市轨道交通专业教材

城市轨道交通车站设备

张　莹　吴　冰　主编
于　丹　主审

電子工業出版社
Publishing House of Electronics Industry
北京 • BEIJING

内 容 简 介

本书是“职业教育城市轨道交通专业教材”之一。本书共分九个项目，介绍城市轨道交通车站设备或系统的结构组成、使用、维修及故障处理等方面的技能型知识，主要内容包括自动售检票系统、电扶梯系统、消防系统、环控系统、给排水系统、低压配电及照明系统、屏蔽门系统及机电设备控制系统。

本书是以满足城市轨道交通实际工作岗位职业能力需求为基本出发点编写的项目式职业性教材。依据城市轨道交通车站站务人员和机电设备维修人员的典型工作任务，进行教学化处理，选取了具有代表性的九个项目下的32个任务，一方面向学生传授设备的结构、工作原理等基本理论知识，同时，另一方面通过设备的正常操作、故障处理、检查巡视、定期检修等实操项目的训练培养学生的岗位技能，将岗位的典型工作任务融入课堂的教学当中，在学校教学过程中逐渐培训学生的岗位技能和职业素养，使其内化为学生的基本素质，以满足城市轨道交通行业对高素质、高技能型人才的迫切需求。

本书可作为职业院校的城市轨道交通专业及相关专业的教学用书，也可以作为从事城市轨道交通行业职工的参考资料和培训用书。

未经许可，不得以任何方式复制或抄袭本书之部分或全部内容。
版权所有，侵权必究。

图书在版编目（CIP）数据

城市轨道交通车站设备 / 张莹，吴冰主编. —北京：电子工业出版社，2011.9
职业教育城市轨道交通专业教材
ISBN 978-7-121-14611-4

Ⅰ. ①城…　Ⅱ. ①张…　②吴…　Ⅲ. ①城市铁路－车站设备－高等职业教育－教材　Ⅳ. ①U239.5

中国版本图书馆 CIP 数据核字（2011）第189175号

策划编辑：徐　玲
责任编辑：桑　昀
印　　刷：涿州市京南印刷厂
装　　订：涿州市京南印刷厂
出版发行：电子工业出版社
　　　　　北京市海淀区万寿路173信箱　邮编　100036
开　　本：787×1 092　1/16　印张：11.5　字数：295千字
版　　次：2011年9月第1版
印　　次：2022年2月第12次印刷
定　　价：23.00元

凡所购买电子工业出版社图书有缺损问题，请向购买书店调换。若书店售缺，请与本社发行部联系，联系及邮购电话：（010）88254888，88258888。

质量投诉请发邮件至 zlts@phei.com.cn，盗版侵权举报请发邮件至 dbqq@phei.com.cn。

本书咨询联系方式：xuling@phei.com.cn。

职业教育城市轨道交通专业教材编审委员会

主 任 委 员： 吴　晓　浙江师范大学交通学院系主任

副主任委员： 赵　岚　西安铁路职业技术学院

张　莹　湖南铁道职业技术学院系主任

常 务 委 员：（排名不分先后）

施俊庆　浙江师范大学交通学院

姚汤伟　浙江师范大学交通学院

王瑞萍　浙江师范大学交通学院

郑丽娟　浙江师范大学行知学院

李一龙　湖南铁路科技职业技术学院系主任

程　钢　湖南铁路科技职业技术学院教研室主任

吴　冰　湖南铁道职业技术学院教研室主任

唐春林　湖南铁道职业技术学院专业负责人

刘　奇　西安铁路职业技术学院交通运输系教研室副主任

王　敏　西安铁路职业技术学院

魏仁辉　西安铁路职业技术学院

申　红　西安铁路职业技术学院

奉　毅　柳州铁道职业技术学院系副主任

蓝志江　柳州铁道职业技术学院教研室主任

马成正　柳州铁道职业技术学院

王丽娟　柳州铁道职业技术学院

卢德培　杭州万向职业技术学院教研室主任

李殿勋　沈阳铁路机械学校

丁洪东　沈阳铁路机械学校教研室主任

李显川　沈阳铁路机械学校

姬立中　北京铁路电气化学校副校长

王建立　北京铁路电气化学校科长

尹爱华　江苏省无锡交通高等职业技术学校系副主任

陈　波　无锡汽车工程学校专业负责人

谭　恒　广州市交通运输职业学校

余鹏程　广州市交通运输职业学校

宋　锐　武汉市教育科学研究院教研员

蔡海云　武汉铁路司机学校系主任

欧阳宁　武汉市交通学校系主任

行 业 委 员：（排名不分先后）

吴维彪　浙江省杭州地铁集团有限责任公司高级工程师

牟振英　上海申通集团运营四公司总工程师

娄树蓉　南京地铁有限责任公司客运部部长

秘　书　长： 徐　玲　电子工业出版社

总序 Preface

随着国民经济持续快速发展，人流、物流、信息流以前所未有的密度涌向大城市并向周边辐射。城市化进程加快，城镇人口迅速增长，我国市区常住100万人口以上的大城市已达40多个，超过200万人口的特大城市已有14个。目前，我国城镇人口比例已经达到45%左右，城市规模的扩大、城市人口的增长，带来了城市交通需求的高速增长。为解决大中城市交通紧张问题，我国已有越来越多的城市把发展城市轨道交通列入城市发展计划。截至2010年，内地共有北京、天津、上海、广州、深圳、南京、重庆、武汉、大连、长春、沈阳、成都12个城市已开通运营的线路总长近1000公里，杭州、西安、苏州、青岛、宁波、郑州、无锡、合肥、昆明、长沙、福州、南昌等城市包括在建线路总长超过1500公里。此外，还有东莞、乌鲁木齐、南宁、济南、兰州、太原、厦门、贵阳、烟台、石家庄、温州、徐州、常州等诸多城市都在进行轨道交通规划或筹建工作。中国城市轨道交通建设正在进入快速而有序发展阶段。预计到2015年，我国将建设79条城市轨道交通线路，长达2260公里，到2020年中国城市轨道交通规模有望突破3000公里。

城市轨道交通的快速发展，各类城市轨道交通人才需求量急剧增加，从城市轨道交通的专业人才用工需求看，城市轨道交通每公里需要50～60人左右，对于这个技术密集型行业来说，各城市的轨道交通都需要大批应用型人才，才能保证正常的运营和管理。因此，城市轨道交通行业具有广阔的人才需求空间。

城市轨道交通的发展给职业教育的人才培养带来良好契机，为适应城市轨道交通人才培养需求，更好地服务国民经济建设，2010年5月，电子工业出版社在武汉组织召开“职业教育城市轨道交通专业教学研讨会”，成立了“职业教育城市轨道交通专业教材”编审委员会，确定了“职业教育城市轨道交通专业教材”的编写方案。根据专业教学研讨会议精神，经过主、参编老师的共同努力，“职业教育城市轨道交通专业教材”终于与大家见面了。本套教材基本涵盖了“城市轨道交通专业”主要课程和内容，满足专业建设与教学需要；为适应职业教育的改革与发展，教材力求体现当代职业教育新理念、新思路；为紧跟城市轨道交通行业发展，尽量使教材保持一定的知识与技术领先。本套教材编写以职业能力为主线，以职业生涯为背景，以工作结构为框架，以岗位能力为依据，以工作情境为支撑，以工作过程为基础。教材体系结构力求从学科结构向职业工种技能结构转变；教材内容组织力求根据城市轨道交通专业学生今后从事职业工作岗位要求及标准出发，突出典型岗位的工作过程，满足职业标准要求，贯穿主要规章和作业标准。本套教材具有以下特点：

（1）教材体例符合职业教育教学改革和发展方向。

教材内容选择以《国家职业标准》规定的岗位（群）需求和职业能力为依据，以工作任务为中心，以理论知识为基础，以实践技能为依托，以工作情境为支撑，以案例呈现为特点，以拓展知识为延伸，充分考虑城市轨道交通典型岗位的工作任务过程特点和教学过程特点有机结合，充分体现教材的职业性特点。

（2）教材内容凸显城市轨道交通专业领域主流应用技术和关键技能。

教材内容凸显城市轨道运营、行车组织、客运组织、机车车辆等设备运用与检修及作业组织方法等主体工种的专业知识和技术，包括车站站长、行车调度、车辆维修、客运服务等典型岗位的主流应用技术和关键技能。

（3）教材内容涵盖城市轨道交通行业和专业发展的“四新”内容。

教材内容组织具有一定的前瞻性，反映行业与专业最新知识、工艺、装备和技术。教材编写从现代教学理念和教学模式出发，体现城市轨道交通前沿的创新成果和经验。

（4）教材注重实践性，重视案例和实际动手场景的呈现。

教材组织通俗实用，融入和结合了轨道交通专业骨干教师多年的教学经验和体会，合理地取舍和反映城市轨道交通的基本专业知识和技能；通过具体模拟训练和情境实操，使学生加深对专业知识和技能的理解，以及基本技能和基本方法的掌握，从而可以缩短学生到企业后的上岗时间。

本套教材不仅适用于职业教育各层次教学，也可作为城市轨道交通行业相关人员在职进修、培训和提高的教学用书。

本套教材由浙江师范大学交通学院吴晓担任主编，西安铁路职业技术学院赵岚、湖南铁道职业技术学院张莹担任副主编。吴晓负责本套系列教材整体策划与体例结构设计工作。教材在编写过程中得到了许多城市轨道交通行业专家、领导和同仁的大力支持，在此表示衷心感谢！

本套教材的编写，编者们参考了大量的书籍、文献、论文等，也引用了许多专家、学者的资料，尽可能地在参考文献中详细地列出，谨在此对他们表示衷心的感谢！ 同时，也可能由于疏忽而没有指出某些资料出处，若有此类情况发生，深表歉意！由于城市轨道交通正处于快速发展期，资料收集很难达到齐全和最新，再加上编者水平所限，书中错误和疏漏在所难免，敬请大家谅解，恳请读者在阅读后及时批评指正，我们将十分感谢。

吴晓

2011 年 6 月于浙江师范大学

前言 Introduction

城市轨道交通是现代城市公共交通的主要形式。城市轨道交通不仅安全、快捷、正点，可以满足日益增长的城市居民出行需求，而且具有节能、省地、少污染等特点，更是一种节约资源、保护环境的城市公交系统，符合城市可持续发展原则。城市轨道交通种类繁多，有城市地下铁道、轻轨交通、有轨电车、单轨交通、市郊铁路、磁悬浮线路、机场联络铁路、全自动旅客捷运系统等。城市轨道交通运输设备是保障城市轨道交通正常运行的必需物质基础和技术基础。城市轨道交通运输设备包括城市轨道交通线路与站厅设备、车辆、牵引供电系统、信号设备、通信设备和客运设备等。

本书为“职业教育城市轨道交通专业教材”之一。教材结合城市轨道交通职业岗位能力需求分析及专业人才培养方案进行编写，涵盖城市轨道交通车站设备的全部内容。为适应职业教育的需要，编者在教学的形式和教学的内容方面都力求体现“工学结合”的当代职业教育新理念，紧跟城市轨道交通行业发展，尽量使教材内容保持一定先进性和新颖性。

本书共分九个项目：绪论、自动售检票系统、电扶梯系统、消防系统、环控系统、给排水系统、低压配电及照明系统、屏蔽门系统和机电设备控制系统。九个项目下共分 32 个任务，全面介绍城市轨道交通车站的自动检售票系统、电扶梯、空调及通风、给排水、照明、屏蔽门、FAS 系统和 BAS 系统及设备的基本组成、内部结构、工作原理，以及部分设备的操作运用和故障处理案例。其中，在介绍各系统时，都是以目前国内外新型城市轨道交通车站使用的新型设备为例进行介绍的，以保证知识的先进性。

本书在体例设计上突破了传统教材的编写模式，教材内容以“项目+任务”形式体现。教材中的大部分任务或实操案例均来源于真实的工作任务，并根据教学需要做了必要的教学化处理，从而体现本教材“工学结合”的职业教育新理念。书中任务一般包含三个方面的内容：理论模块、实操模块（或称技术模块，视任务类型而定）和拓展模块。理论模块是介绍设备的结构、工作原理等理论知识，为完成“实操模块”中的工作任务做知识储备；实操模块是工作岗位中涉及本部分知识的具体工作任务，一般为设备的使用方法、操作步骤、故障处理等方面的真实案例；技术模块则是一些实际的工程案例，二者都是用以培养学习者的岗位技能；拓展模块则收集了一些与本任务相关的知识或最新技术、最新设备等资料，用于拓宽读者的知识面。每个任务不一定都包含上述的三个模块，任务中包含的模块类型一般是根据任务的具体情况、具体内容有所选择的。

教材注重实用性，内容通俗易懂，融入和结合了轨道交通专业骨干教师和工程技术人员多年的工作经验，采用“学中做，做中学”的方式，使学生的理论知识和职业技能齐头并进，共同提高。本书适合作为职业院校的城市轨道交通专业及相关专业的教学用书，或作为从事城市轨道交通行业技术人员的参考资料和员工培训用书，力求能为我国城市轨道交通事业的发展，尽绵薄之力。

本书由湖南铁道职业技术学院张莹和吴冰老师担任主编，张莹老师负责项目一和项目七的编写工作；吴冰老师负责项目二到项目六、项目八和项目九的编写工作。张莹老师进行教材编写体例设计，吴冰老师负责全书统稿，由于丹工程师担任主审。教材在编写过程中得到了南车集团株洲电力机车有限公司、青岛四方机车车辆有限公司、广州地铁、南京地铁等许多城市轨道交通行业专业人士及电子工业出版社的领导和同仁的大力支持和帮助，在此表示衷心感谢！

在本书的编写过程中，参考了许多专家、学者有关城市轨道交通的书籍、文献、论文等资料，也引用了城市轨道交通设备制造企业和部分城市轨道交通企业的技术数据和图片，我们已尽可能地在参考文献中详细地列出，谨在此对他们表示衷心的感谢！同时，也可能由于疏忽而没有指出某些资料出处，若有此类情况发生，深表歉意！

为了方便教师教学，本书还配有教学指南、电子教案及习题答案（电子版），请有此需要的教师登录华信教育资源网（www.hxedu.com.cn）免费注册后再进行下载，在有问题时请在网站留言板留言或与电子工业出版社联系（E-mail: hxedu@phei.com.cn）。

由于城市轨道交通正处于快速发展期，技术装备日新月异，各城市城市轨道交通运输设备也都有各自的特点，资料收集很难达到齐全和最新，再加上编者水平所限，书中技术资料和数据肯定存在不足和差异，错误和疏漏在所难免，敬请大家谅解，恳请大家批评指正，我们将十分感谢。

编　者

2011 年 8 月

目录 Contents

项目一　绪　论

英国首都伦敦于 1863 年开通了世界上第一条长 6.4 公里的地下铁道，时至今日作为大容量快速轨道交通体系，地铁在城市公共交通中起到了越来越重要的作用，尤其是在特大型城市更是如此。如北京、上海、莫斯科、东京、巴黎和伦敦等国际化大都市都拥有完善而高效的城市轨道交通网，从而在组织城市公共交通中发挥了重要作用。

而车站则是城市轨道交通运营系统当中的重要组成部分。它既是轨道交通系统的对外提供客运服务的窗口，又是系统内部最主要的生产基地；它既是城市轨道交通客运服务的起始点，也是客运服务的终止点。地铁车站是乘客上下车、换乘的场所、也是列车到发、通过、折返、临时停车的地点。

一、城市轨道交通车站的分类

（1）按车站的空间位置可分为地下车站、地面车站和高架车站。

（2）按车站站台形式可分为岛式站台、侧式站台和岛侧混合式站台。

岛式站台：站台位于上下行线路之间，如图 1-1 所示。

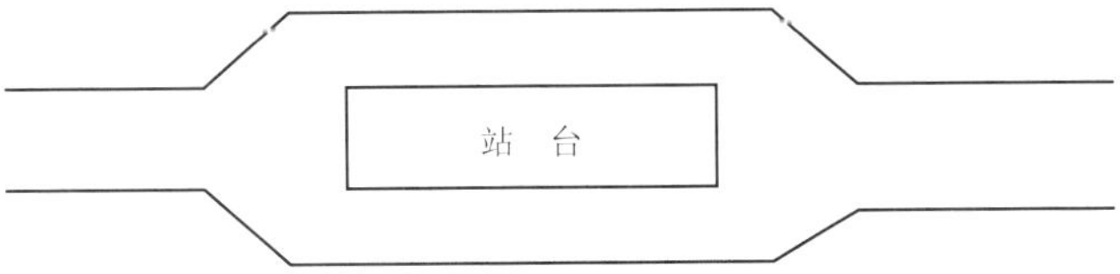

图 1-1　岛式站台

侧式站台：站台分别位于上下行线路两侧，如图 1-2 所示。

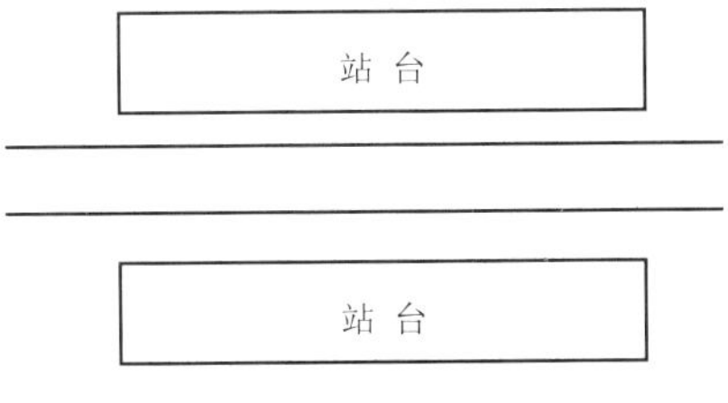

图 1-2　侧式站台

岛侧混合式站台：既有岛式站台，又有侧式站台，如图 1-3 所示。

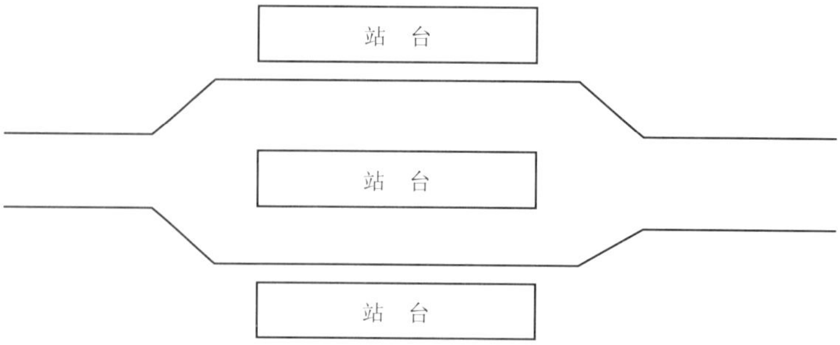

图 1-3　岛侧混合式站台

（3）按运营功能可分为终点站、中间站、换乘站、区间站（或称折返站）和通勤站。

（4）按车站施工方法分为明挖车站（又可分为浅埋式和深埋式）和暗挖车站。

（5）按车站断面结构分为矩形车站（又可分为单层、双层、多层）、拱形车站（又可分为单拱、多跨连拱）、圆形车站（又可分为正圆、椭圆）和马蹄形车站。

二、城市轨道交通车站的组成

从服务的角度出发，大型城市轨道交通车站一般分为出入口、站厅和站台三个层次，其中站厅包括了售检票亭、车站控制室、技术设备房、车站生产用房等。

（1）出入口：吸引和疏解客流。出入口一般布置在街道交叉口，以便能大范围地吸引和疏解客流，如图 1-4 所示。

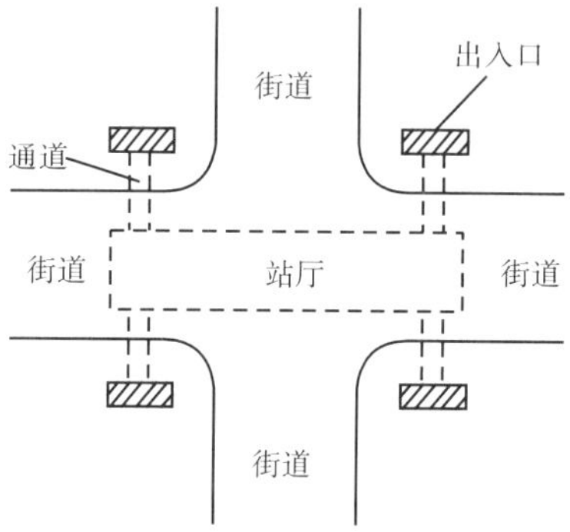

图 1-4　车站出入口布置图

（2）站厅：用于售票、检票，布置部分服务与控制设备的场所，其布局方式主要取决于车站的售票、检票方式（人工、和自动售检票）。一般站厅由自动检票机隔离成付费区和非付费区两大功能区，如图 1-5 所示为一典型地下车站中间站厅平面图。

另外，为了便于旅客出行和购物，位于大型商场附近的地铁车站的站厅通常会通过地下商业街直接通往购物商场，如南京地铁新街口站经地下商业街直接通往金鹰商场、中央商场、大洋百货、新世界百货等大型购物商场，同时它也是一、二号线的换乘站。

（3）站台：提供乘客上下车的平台，是分散上下客流，供乘客乘降的场地。

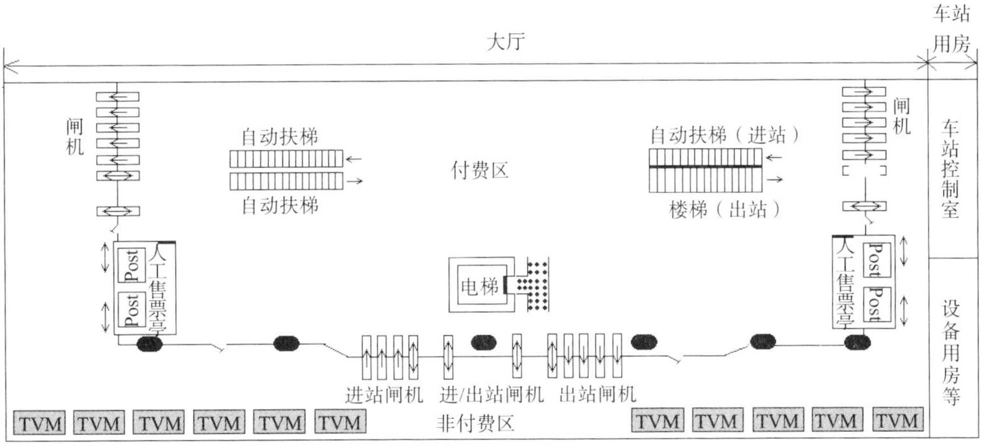

图 1-5　地下车站中间站厅平面图

三、城市轨道交通车站的设计

1．设计原则

城市轨道交通车站的设备配置，首先要满足面向乘客的服务要求，其次要强调设备配置的能力匹配与经济性，最后要体现出轨道交通服务方式在各类城市公共交通服务模式中的先进性，具体表现为以下几个方面。

（1）安全性。

与其他各类交通工具一样，城市轨道交通系统的运营也十分强调其运营的安全性，它是所有被考虑因素中的第一位要素。而安全运营的实现除了依靠严格而又科学的运营管理以外，所属设备的运行可靠程度也是一个决定因素。对于车站设备的配置来说，要从所配置设备的安全可靠性上严格把关，同时还要配备必要的应急设备，以防万一，如车站的供电系统。

（2）服务性。

车站的设备配置要符合车站服务的特点，即服务的短暂性和高频率。轨道交通车站主要解决乘客在该服务系统中汇聚与疏解，有很强的时效性，乘客的基本要求是在短暂的移动过程中充分享受到车站所提供的舒适服务。因此，设备的实用性是车站首先考虑的问题，如车站的自动扶梯、先进的售检票系统、车站的空调通风系统等设备都是城市轨道交通车站完成其优质服务功能所不可缺少的。另外，作为现代文明城市的对外窗口，无障碍通行走廊（系统）的设置也是必不可少的，为行动不便的乘客提供最大的出行方便。

（3）经济性。

由于轨道交通系统投资巨大，城市轨道交通车站的设备配置既要满足乘客所需的服务要求，同时也要防止出现设备能力闲置。在满足乘客乘降需求的前提下，本着提高设备利用率的原则，从设备的等级、规模、先进的程度等方面出发体现出够用的原则，从而使车站建设的投资恰到好处。

（4）匹配性。

匹配性包括两方面的内容，一方面是指车站设备服务能力要与乘客所需服务容量的匹配，另一方面是指车站各设备之间的容量和能力的匹配，如列车运营密度对车站候车能力、疏解能力、自动扶梯的服务容量、售检票能力等都提出了相应的配套要求，这一要求首先就是车站各配置设备之间的能力协调。

（5）先进性。

城市轨道交通系统作为先进的大容量、快捷交通运行工具，同时也是一个复杂的运营系统。高技术、高智能化是其基本特征，而要体现这一高技术、高智能化特征，构成这一系统的设备必须具有相当的先进性，就目前而言应以计算机技术、信息技术和控制技术为主要应用对象，提高车站设备的技术和应用层次。

2. 设计步骤

城市轨道交通车站的设计步骤，如图 1-6 所示。

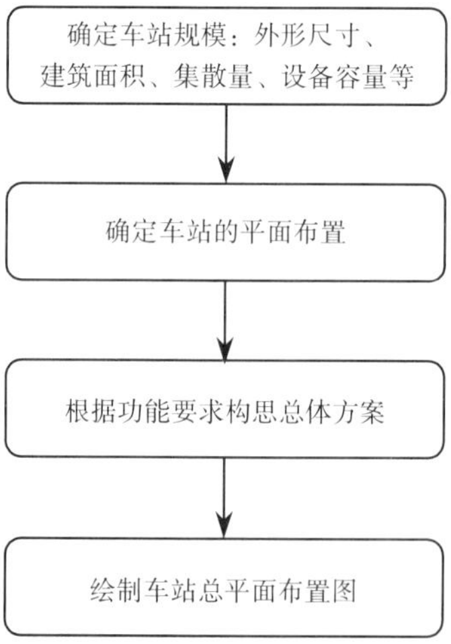

图 1-6　车站设计步骤

另外，车站设计除需要考虑自动扶梯、电梯、售票机、检票机、空调通风系统等这些主要服务设施外，还需要考虑一些特殊情况，如车站消防、紧急疏散，以及无障碍通道、风亭等设计，是车站能够为所有乘客提供安全、可靠、便捷的服务。

思考与练习

1. 车站在城市轨道交通系统中的作用和地位如何，试分析。

2. 在你有机会乘坐地铁时，请留意一下你所到过的车站是什么形式的站台，试分析岛式站台和侧式站台的优缺点。

3. 试参照图 1-5 地下中间站厅平面布置图，设计一个高架车站平面布置图。

项目二 自动售检票系统

人们乘坐地铁，首先要做的就是购票，那么为旅客提供售票服务的设备及其背后支持的一整套庞大的系统称为自动售检票系统（Automatic Fare Collection，AFC），它是一个集计算机、网络、通信、嵌入式系统集成、大型数据库、机电一体化、自动识别、传感和精密仪器加工等多种高新技术于一体的庞大系统。其中涉及的知识十分广泛，但作为地铁站务人员，只需了解系统的基本架构、系统终端设备的使用及故障处理即可。

地铁站务人员，最基本应具备自动检票机、自动/半自动售票机的使用及故障处理能力，为此本项目设置了地铁车票的认知、自动售检票系统的认知、自动售票机的使用、半自动售/补票机的使用、自动检票机的使用与维护 5 个任务，对学生的自动售检票设备的基本操作技能进行训练。每项任务又细化成若干个子任务，如自动检票机的使用，包括了自动检票机状态的判断及票箱的更换方法；自动售票机的使用除会引导乘客购买单程票外，还需要掌握查询记录、更换钱箱、补票、补币等操作，并能根据自动检票机显示的故障代码判断其状态；在半自动售票机的使用中，要求掌握利用半自动售/补票机办理车票的发售、分析、无效更新、替换、退款的操作方法等。

学习目标

（1）了解城市轨道交通自动售检票系统的架构；

（2）了解城市轨道交通车票的类型及使用规定；

（3）掌握自动售票机的使用及故障处理方法；

（4）掌握半自动售/补票机的使用及故障处理方法；

（5）掌握自动检票机的使用及故障处理方法。

学习任务

任务一：地铁车票的认知

任务二：自动售检票系统的认知

任务三：自动售票机的使用

任务四：半自动售/补票机的使用

任务五：自动检票机的使用与维护

教学建议

可在具有自动售检票系统设备模型或理实一体化教室开展理实一体化教学；或在具有自动售检票仿真系统的实训室进行仿真教学；或先进行理论教学，再到地铁车站站厅进行现场教学。

任务一　地铁车票的认知

车票对于大家而言再熟悉不过了，它直接面向旅客，是乘客乘车的凭证。车票记载了乘客从购票开始，完成一次完整行程所需要和产生的费用、时间、乘车区间等信息。为满足不同消费群的需求，地铁运营方提供多种形式的车票供旅客自由选择，在本任务中将对各种类型的车票作以详细介绍。

作为乘坐地铁的旅客和地铁站务人员，应熟悉各种类型车票的使用规定及购买方式。

【理论模块】

一、车票体系的发展历程

车票是相当于自动售检票系统（AFC）这条生产流水线的最终产品，是乘客乘车的重要凭证，其形式多种多样，有单程票、多程票、储值票、纪念票、出站票、员工票、公共交通卡等，供乘客选用。

轨道交通的车票体系大致可分成三个阶段：

第一阶段：轨道交通运营初期阶段。采用纸质车票，单一票价。北京地铁纸票直到 2007 年才取消。

第二阶段：自动售检票系统的初始阶段。采用计程、计时票价制。车票媒介包括磁卡车票和 IC 卡，上海地铁多采用磁卡车票。

第三阶段：现代化联网收费系统阶段。使用非接触式 IC 卡作为车票媒介，除单程票等形式的车票外，还推出“一票通”和 “一卡通”两种通用性车票媒介，方便服务旅客。

“一票通”车票是用于城市轨道交通系统内成行，实现不出站换乘不同线路的乘车凭证。

“一卡通”车票是可在城市公交、轨道交通、出租汽车、轮渡等交通系统中通用的一种乘车付费媒介，具有储值功能。

二、车票的类型

车票按照材质、计价方式和使用性质有多种分类形式。

1. 按材质分

车票按材质可分为纸质车票和磁卡车票。

（1）纸质车票。

常见的纸质车票有普通纸票和条形码纸票。

① 普通纸票是将车票的所有信息都直接印刷在车票上，由票务人员识读确认，如图 2-1 所示。

图 2-1　纸质车票

② 条形码纸票是将车票的相关信息通过条形码编码储存，由条形码扫描仪完成信息识别，编码的信息只供读取而不能改写。

（2）磁卡车票。

磁卡车票有纸质磁卡车票和塑质磁卡车票，分别如图 2-2 和图 2-3 所示，两者多是在基片上设置磁记录区域，通过磁留存储存有关的信息，由磁卡读写设备获取相关信息，信息是可修改的。

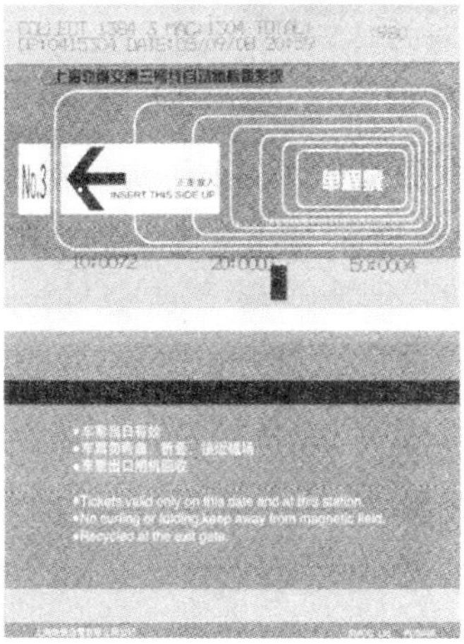

图 2-2　纸质磁卡单程票

图 2-3　塑质磁卡单程票

（3）非接触式 IC 卡车票。

非接触式 IC 卡（Smart Card 或 Integrated Circuit Card）是将车票的所有信息储存在车票的集成电路中，用非接触式 IC 卡读写设备获取相关信息。非接触式 IC 卡车票有卡型、筹码型（Token）和 CPU 卡三种类型。

① 卡型 IC 车票。

某些城市轨道交通使用的单程车票是卡型塑质非接触式集成电路（IC）卡，即卡型 IC 车票，如北京、上海等，如图 2-4 所示，其尺寸通常为 85.9mm × 54mm × 0.5mm。

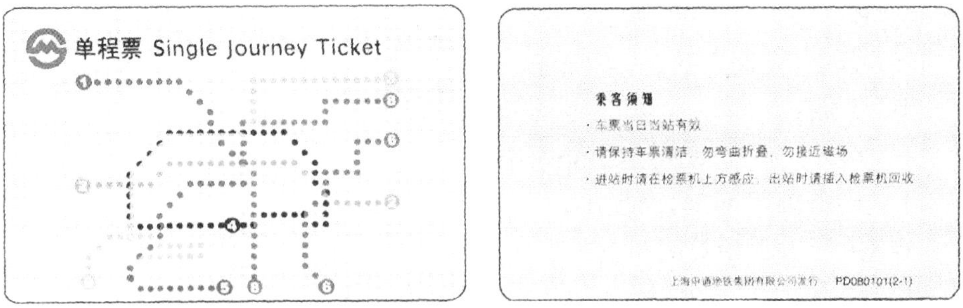

图 2-4　上海地铁的卡型 IC 车票

② 筹码型 IC 车票。

部分城市轨道交通使用的单程票是筹码型非接触式集成电路（IC）卡，简称筹码（Token），如广州等，如图 2-5 所示。

图 2-5　广州地铁的筹码型 IC 车票

筹码型 IC 卡是在直径为 30 mm、厚度为 2.0 mm 的非金属材料圆盘内，嵌装集成电路及天线，通过电感耦合方式与筹码读写器进行操作的非接触式 IC 卡。

③ CPU 卡。

随着黑客攻击手段的进步，传统的逻辑加密卡由于没有算法和密钥的保护，在黑客的攻击下，已经没有任何安全屏障可言。为了对付黑客攻击，在某些城市的城市轨道交通系统，乃至整个公共交通系统中推出了一种 CPU 卡。

CPU 卡又称微处理器卡，由一个或多个集成电路芯片组成，封装在便于人们携带的卡片内。在集成电路中有中央处理器（CPU）、随机存储器（RAM）、程序存储器（ROM）、数据存储器（E^2PROM），以及片内操作系统（COS）。CPU 卡具有暂时或永久数据存储能力，其内容可供外部读取或供内部处理和判断之用，同时还具有逻辑处理、命令处理和数据安全保护等功能，用于识别和响应外部提供的信息和芯片本身判断状态和指令执行的逻辑功能。CPU 卡由于其安全性高，功能完善，将成为技术和市场发展的趋势。

2. 按计价方式分

车票按计价方式可分为计次票和计程票，一般计次票比计程票优惠，有政府补贴的运营公司才能承担得起由于优惠而减少的利润。

3. 按使用性质分

车票按使用性质可分为单程票、多程票、储值卡、员工票、老年人免费票等。

某城市地铁车票的类型及使用情况参见表 2-1。

表 2-1　地铁车票简介

	图　标	购 买 地 点	使 用 说 明
单程票	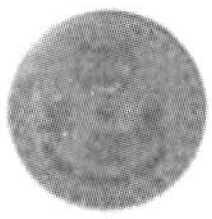	地铁站自动售票机	只能用一次，进入地铁站后在自动售票机上购买，方便出差人士等需要临时乘坐地铁的人群，票价一般在 2～8 元
多程票		各地铁人工售票营业厅	各地铁已不销售此类票
储值卡		各地铁人工售票营业厅或与地铁合作的报刊亭	地铁储值卡如同公交卡一样，乘客可以先往卡里充入一笔钱，每次乘车刷卡后，从卡里扣除本次消费额，卡内余额不足时可到指定地点充值。适合于经常乘坐地铁出行的人群
员工票		不对外发售	此种车票只向地铁公司内部人员发放，只允许员工使用，市场不流通
老年人免费票	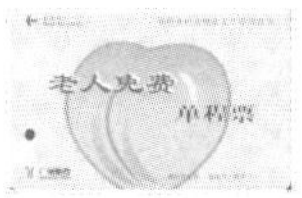	各地铁人工售票营业厅或指定服务中心	此种车票主要是照顾老年乘客。符合条件的老年乘客可到规定地点办理此种车票后免费乘车
计次票	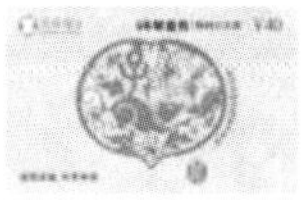	各地铁人工售票营业厅	可使用多次，计次消费。平均的单程价格比单程票略低，适合于经常乘坐地铁出行的人群。不同地铁公司对票价、乘坐次数等有不同的规定

【实操模块】

[实训任务]

在自动售票机上购买单程票。

[实训目的]

了解单程票的购买流程及自动售票机的使用。

[实训要求]

（1）熟悉自动售票机的操作界面。

（2）能熟练使用自动售票机进行购票。

[实训环境]

具有自动售票机的实验实训室或具有自动售票机的地铁（高铁）车站大厅。

[实训指导]

每个人乘坐地铁一般都是从购票开始的，各城市地铁由于车站设备不同，其具体操作方法或操作界面可能不尽相同，但其购票的流程基本相同。本任务以珠三角某城市的地铁车站自动售票机为例，具体描述单程票的购票流程，如图 2-6 所示。

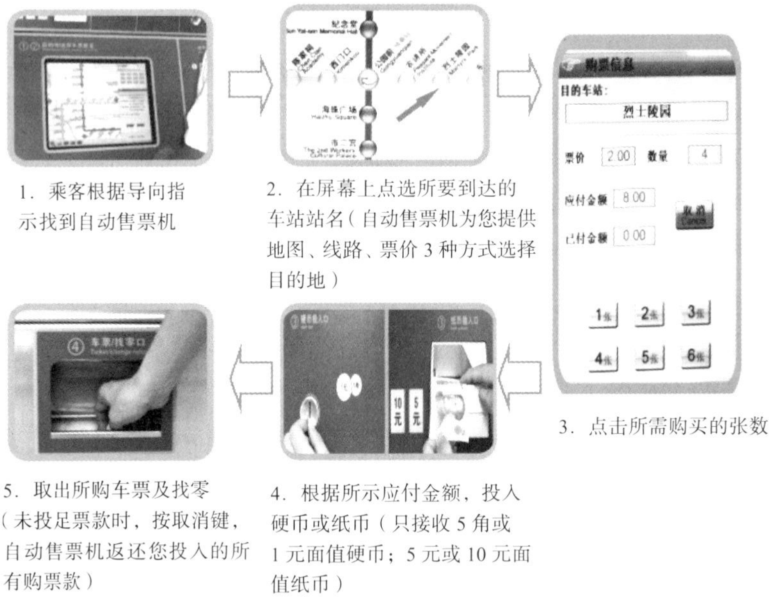

图 2-6　单程票的购票流程

注：

1. 不同类型的自动售票机的操作界面会有所不同。
2. 步骤 4 中关于钱币的面值规定，不同地铁车站会有不同的规定。

【拓展模块】

世界十大城市地铁标志

世界上到底有多少个城市拥有地铁？目前没有准确计算。综合各种资料，这个数字应该在 114～168 个之间。一般每个城市的地铁车票上都印有地铁公司的标志，下面对世界十大城市的地铁公司的标志及其发展历程作一个概述。

注：下文中关于各城市地铁规模的介绍是截止于调研时间的情况，与现在的情况会有差异。

世界十大城市地铁标志如图 2-7 所示。

图 2-7　世界十大城市地铁标志

1．伦敦地铁

伦敦地铁标志如图 2-8 所示，启运时间 1863 年 1 月 10 日；全长 408 公里，11 条线路，268 个站点。

伦敦地铁是世界上历史最悠久的地铁。它一开始使用的是蒸汽机车，从 1890 年开始改用电力机车。尽管号称“地铁”，但其55%的线路都在地面上。这个“高龄”地铁给负责运营管理的私人公司造成了一定的麻烦。2004年，其中一家公司不得不通过在eBay网站上招标来购买一些早已停产的设备。伦敦地铁还被认为是最具电影缘的地铁之一，曾有100多部电影和电视剧在这里取过景，其中包括《谍影重重3：伯恩的最后通牒》《哈利·波特与凤凰社》和《赎罪》。

图2-8　伦敦地铁标志

2. 纽约地铁

纽约地铁标志如图2-9所示，启运时间1904年10月27日；全长370公里，26条线路，468个站点。

图2-9　纽约地铁标志

纽约地铁完全由政府管理，纽约地铁的第一条线路共28个站点，于1904年在曼哈顿开通。地铁的主要部分建于20世纪30年代。2007年4月，纽约开始动工建设近70年来第一条新地铁线路——全长13.7公里的第二大道地铁线。纽约地铁的大部分站点（约277个站点）位于地下，有153个站点建在高架桥上。纽约地铁的一个特点是拥有不是每站都停的快车。在地铁站的入口可以看到绿色或红色的提示灯，绿色表示该站24小时开放，红色表示开放时间有限。站台上设有非高峰期候车区，地铁站建议乘客们晚上在这里等车，因为这样可以使他们处于地铁工作人员的视线范围之内。

3. 东京地铁

东京地铁标志如图2-10所示，启运时间1927年12月30日；全长304.1公里，13条线路，285个站点。

东京地铁是亚洲的第一条地铁。2004年，地铁中的9条线路被私人公司收购，其余4条由政府管理。由于收费方式比较复杂，地铁里安装了自动售票机。东京地铁是全世界运载负荷最大的地铁。在高峰时期，有专门的服务人员负责把乘客推进车厢。站台上标出了车门开启的位置，以便乘客们排队候车。早高峰时，个别车厢只有妇女和儿童才能乘坐。地铁里安装了地震预警系统，在发生危险时，它将自动停止所有列车的运行。同时还安装了专门的隔离装置用来阻断台风和洪水。

图 2-10　东京地铁标志

4. 莫斯科地铁

莫斯科地铁标志如图 2-11 所示，启运时间 1935 年 5 月 15 日；全长 292.2 公里，12 条线路，176 个站点。

图 2-11　莫斯科地铁标志

莫斯科地铁的第一条线路——索科利尼线开通于 1935 年，而最新的昆采夫站则于 2008 年 1 月 7 日正式运营。根据莫斯科地铁 2009—2014 年的建设规划，还将开通 17 个站点。莫斯科地铁大部分位于地下，地上车站只有 15 个。战争期间，莫斯科地铁曾被当作防空洞使用。有报道称，莫斯科地铁中有一条名为“地铁 2 号”的绝密政府支线，直接通往克里姆林宫。莫斯科地铁从一开始就是作为地下宫殿来修建的，因此，它被认为是世界上最美的地铁之一。近年来，莫斯科地铁里出现了一些专题列车，如阅读专列、画廊专列等。

5. 首尔地铁

首尔地铁标志如图 2-12 所示，启运时间 1974 年 8 月 15 日；全长 286.9 公里，10 条线路，266 个站点。

图 2-12　首尔地铁标志

20 世纪 90 年代，首尔实施了大规模的地铁扩展项目，将地铁总长度延长了近 160 公里，并增设了 4 条线路。目前，还有两条新线路和一部分老线路的路段正在建设当中。首尔地铁超过 70%的部分都在地下。不同的线路使用不同的号码和颜色来标记。方便的标志系统不会让你迷路：不仅每条线路有自己的号码，就连每个站点也都进行了标号，而且所有站点的标志都有英文版本。一些站点还安装了鱼缸和播放音乐短片及电视剧的屏幕。

6. 马德里地铁

马德里地铁标志如图 2-13 所示，启运时间 1919 年 10 月 17 日；全长 284 公里，13 条线路，280 个站点。

图 2-13　马德里地铁标志

马德里地铁开通之初是以西班牙国王阿方索十三世的名字命名的，他是修建地铁的积极倡导者。1931 年西班牙共和国成立后，这个名字便不再使用。地铁近 90%的线路位于地下。不同的线路以不同的号码和颜色来区分，同时，根据站台的长度和车厢的宽度，还分为窄线和宽线。马德里地铁是欧洲发展最快的地铁。从 20 世纪 90 年代中期开始，政府先后实施了 3 个大型扩建项目，铺设了机场支线和 3 条轻轨线路，建成了独一无二的 12 号环线，把马德里及其 5 个卫星城连接了起来。12 年中，地铁延长了将近 1 倍。仅 2003—2007 年的建设改造工程就投资 43 亿欧元。

7. 上海地铁

上海地铁标志如图 2-14 所示，启运时间 1995 年 4 月 10 日；全长 234 公里，8 条线路，161 个站点。

图 2-14　上海地铁标志

上海地铁建设早在 1958 年就开始了，但后来由于技术和资金问题一度中断，直至 1990 年恢复动工。规模最大的一次地铁线路扩建是在 2007 年 12 月，当时一下开通了三条线路。如今，上海还在继续积极扩建地铁，截止到 2010 年上海世博会开幕前，地铁总里程超过 400 公里。未来还计划将地铁线路增加到 18 条，总长度达 800 公里。上海地铁一部分线路在地下，另一部分则为高架轻轨线。出入口都有旋转门。站台两边设有屏蔽门。

8. 巴黎地铁

巴黎地铁标志如图 2-15 所示，启运时间 1900 年 7 月 19 日；全长 215 公里，16 条线路，384 个站点。

图 2-15 巴黎地铁标志

巴黎地铁的开通是为迎接 1900 年在巴黎举行的世博会。1998 年，第一条自动化地铁 14 号线投入运营。目前正在对一些线路进行扩建。巴黎地铁站与站之间的距离非常短，有时通过隧道可以看见相邻地铁站的灯光。巴黎地铁以其入口被装饰成新艺术派风格闻名于世。该设计出自 20 世纪初法国建筑师埃克托尔·吉马尔之手。时至今日，86 个地铁站的入口还保留了这种风格，它们成为巴黎地铁的一张名片。作为合作计划的一部分，巴黎地铁公司 RATP 分别向莫斯科、蒙特利尔、墨西哥、芝加哥和里斯本也赠送了这样的建筑杰作。

9. 墨西哥地铁

墨西哥地铁标志如图 2-16 所示，地铁启运时间 1969 年 9 月 4 日；全长 201.38 公里，11 条线路，175 个站点。

图 2-16 墨西哥地铁标志

墨西哥地铁开始建设于 1968 年，并以创纪录的速度推进——4 年后第一阶段完工时，已经建成 48 个站，41.4 公里的线路。计划到 2010 年铺设 12 条新线路。每个地铁站都有与其站名或所处位置有关的特定标志。这是为了帮助那些不懂西班牙语的人判定方位。如理工学院站的标志是不远处国家理工学院的校徽，而萨帕塔站的标志则是 1910 年墨西哥农民运动领袖萨帕塔。此外，地铁内还展示出当初在建设过程中发掘的考古文物。在苏亚雷斯站的过道内可以参观阿兹特克人的金字塔，而在塔利兹曼站则能看到猛犸象遗骨。墨西哥城地铁在 1985 年 9 月 19 日的强烈地震（8.1 级）中完好无损，可以说是最安全、最可靠的城市交通工具之一。

10. 北京地铁

北京地铁标志如图 2-17 所示，启运时间 1971 年 1 月 15 日；全长 200 公里，8 条线路，123 个站点。

北京地铁于 1965 年开工建设。当时正值中苏关系恶化，因此，地铁还承担了一个额外功能——作为发生战事时向市郊疏散人员的工具。约 70%的线路在地下。北京在奥运会召开前对地铁进行了升级改造：在原有线路的地铁站内安装了空调和扶梯，消除手机信号盲区，车厢内配备公交移动电视，使乘客可以观看比赛转播。2008 年 7 月 19 日，北京专为奥运开通了三条新线路，将市区与奥运村和机场连接起来。奥运会后，地铁的发展还将继续：预计到 2015 年，北京将拥有总长度达 561 公里的 19 条地铁线路。

图 2-17　北京地铁标志

任务二　自动售检票系统的认知

城市轨道交通车站自动售检票系统（Automatic Fare Collection，AFC）是一个集计算机、网络、通信、嵌入式系统集成、大型数据库、机电一体化、自动识别、传感和精密仪器加工等多种高新技术于一体的庞大系统。通过高度安全、可靠、保密性良好的自动售检票系统的高层系统及各种终端设备，完成轨道交通中的售票、检票、计费、收费、统计、清分、管理等功能。

【理论模块】

一、自动售检票系统的架构

城市轨道交通线网自动售检票系统具有五层架构，如图 2-18 所示。

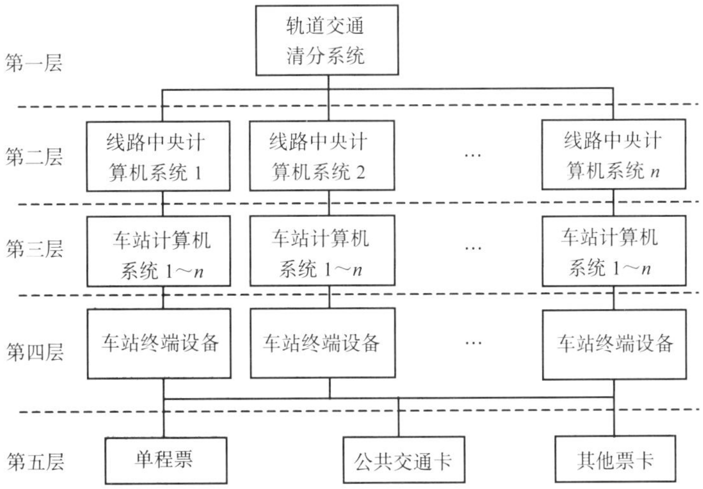

图 2-18　城市轨道交通线网自动售检票系统的架构

第一层：清分系统（综合中央计算机系统）

清分系统即综合中央计算机系统，其主要功能是统一城市轨道交通自动售检票系统（AFC）内部的各种运行参数、收集城市轨道交通自动售检票系统单程票产生的交易和审计数据并进行数据清分和对账，负责单程票的初始化和调配，应急票的制作、进行线路之间的票款清分和客流统计，进行数据挖掘，并辅助各业务部门进行分析决策，同时负责城市轨道交通自动售检票系统（AFC）与城市一卡通清算系统之间的对账、清分和结算等。

清分系统不仅是票务数据的汇总和处理，实际上也是全部网路中各条线路和各个车站客流的分析系统，及时分析各条线路、各个车站的客流数据，当某一条线路或某一个车站发生突发事件，可以及时地向相关线路和相关车站作出应急处置。

第二层：线路中央计算机系统

线路中央计算机系统的设备安装在线路控制中心内，由若干台服务器、磁盘阵列、磁带机、工作站（系统管理工作站、数据管理工作站、网络通信管理工作站、参数下载工作站、车票管理工作站、设备监控工作站、报表查询工作站、中央及远程维修工作站）、千兆交换机和路由器等局域网设备、打印机、不间断电源及编码机等组成。

线路中央计算机系统是自动售检票系统的管理控制中心。线路中央计算机系统与各车站计算机系统进行通信；可自动采集全线路自动售检票系统的交易数据和设备运营状态信息，进行财务和客流统计；线路中央计算机系统能下传费率表、优惠表、黑名单及其他参数和控制命令至各车站计算机系统及车站终端设备。

线路中央计算机系统将需要清分的信息上传给清分系统，接收清分系统下传的清分数据、黑名单、费率表等数据，实现本线路自动售检票系统（AFC）数据的集中采集、统计及管理；实现本线路自动售检票系统（AFC）运行、收益及设备维护集中管理；实现对本线路自动售检票系统内所有设备的监控。

线路中央计算机系统可通过通信系统的时钟子系统获取标准时间，自动进行同步，并将标准时间信息下传至车站计算机系统和各车站终端设备。线路中央计算机系统具有备份和恢复功能及灾难恢复功能。

第三层：车站计算机系统

在轨道交通线网自动售检票系统的架构中，车站计算机系统位于第三层。车站计算机系统安装在各车站的车控室或票务室内。

车站计算机系统由车站操作员控制计算机（SOC）和车站网络计算机（SNC）、监视器、紧急控制系统、网络系统及不间断稳压电源等所组成。

车站计算机系统的主要功能是负责采集本车站范围内的售检票交易数据、设备状态数据和其他运营数据，监视终端设备的运行状态，根据需要向单个或一组终端设备下达运营参数和设备控制指令。车站控制系统的业务功能包括票务管理、收益管理、设备管理、设备控制和运营参数下载等。

第四层：车站终端设备

在轨道交通线网自动售检票系统的架构中，车站终端设备位于第四层。车站终端设备安装在各车站的站厅，是直接为乘客提供售检票服务的设备。车站终端设备包括自动售票机、半自动售票机、进/出站检票机等。

车站终端设备接受线路中央计算机系统和车站计算机系统的管理，按照系统参数配置的方式上传交易数据、设备状态和事件报警，接收运营参数和控制指令，根据需要在正常运营模式和降级运营模式下工作。

第五层：车票

车票位于轨道交通线网自动售检票系统架构的第五层，相当于一条生产线的最终产品。关于地铁车票已在任务一中详细介绍，这里不再赘述。

AFC 第三层即车站计算机系统及第四层车站终端设备均属于车站范围内的设备，对于地铁站务人员，应适当了解其具体情况。本任务主要介绍第三层（车站计算机系统），第四层（车站终端设备）将在任务三～任务五中详细介绍。

二、车站计算机系统

车站计算机系统网络拓扑结构如图 2-19 所示。该系统主要由车站操作员控制计算机（SOC）和车站网络计算机（SNC）、监视器、紧急控制系统、网络系统及不间断稳压电源系统所组成。

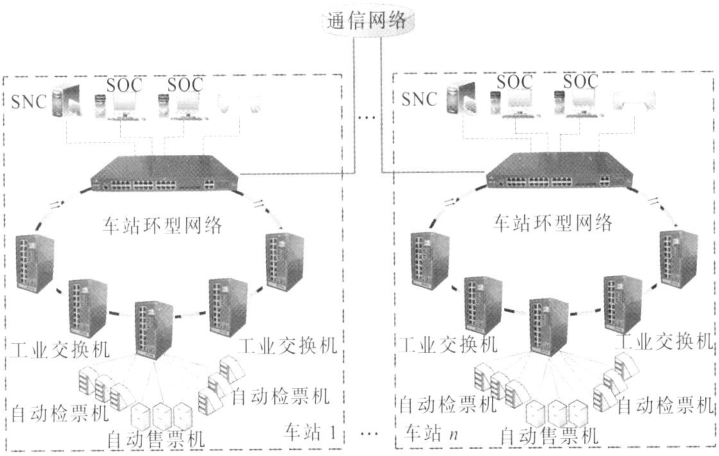

图 2-19　车站计算机系统网络拓扑图

1. 系统功能

车站计算机系统是基于微处理器的系统，它用来在自动收费系统环境中采集大量的关键性数据及传输数据。由车站计算机系统完成关键的自动收费系统管理功能主要包括以下几个方面。

（1）采集和储存车站终端设备的车票交易数据、寄存器数据、状态数据、收益管理数据及维护管理数据等，并上传给线路中央计算机系统。

（2）接收和储存线路中央计算机系统下达的系统运行参数和控制指令，并下传至车站终端设备。

（3）实时监控 AFC 系统的车站内设备（包括车站计算机系统和车站终端设备）和网络运行情况，具有 AFC 系统的车站内设备的控制、自诊断和故障告警等功能。

（4）对本车站的客流、车票和现金收益进行统一管理，具有报表统计分析、相关业务查询和报表打印等功能。

（5）负责 AFC 系统站内参数的维护和运作模式的控制。

（6）紧急情况下，按下“紧急”按钮或通过车站计算机系统启动紧急运行模式，控制本车站所有进/出站检票机的通道阻挡解除（门扇敞开或三杆落下），便于乘客快速疏散，同时控制所有的自动售票机、半自动售票机等退出服务。

2. 运行方式

车站计算机系统可以在下列两种方式下运行：联机方式，即车站计算机系统和中央计算机系统交互工作；脱机方式，即车站计算机系统和中央计算机系统不进行交互工作。当中央计算机系统出现计算机故障时，车站计算机系统工作在脱机方式。在脱机方式下，车站计算机系统保持自动工作，收集和将数据存储到自己的文件中，一直到车站计算机系统恢复联机操作，它可以将数据上载给中央计算机系统。当和中央计算机系统通信中断时，所有的数据保留在车站计算机系统的硬盘中，硬盘容量可储存至少 7 天的有价值数据。当通信恢复后，数据再传送给中央计算机系统，或复制在软盘上用人工方式传送。

维修诊断信息通过出错代码和状态信息的方式报告给中央计算机系统。这些维修信息存在中央计算机系统，可由被授权的用户在中央计算机系统终端上显示，同时可按需要与有关的工作人员联络。

3. 与车站终端设备和中央计算机系统的通信

车站计算机将各种从中央计算机接收来的黑名单和程序控制数据传送给自动售票机、半自动售票机和进/出站检票机等车站终端设备，这些数据被用来决定车票的有效性。同时车站计算机系统又将从车站终端设备接收的车票使用数据及设备状态信息一起传送给中央计算机。

对中央计算机来说，车站计算机是重要的通信链。每台车站计算机是一个网络节点，可支持多到 128 台车站终端设备。整个系统的网络拓扑是一个 EIA 标准异步 RS-422 网络。它除了可支持车站计算机的所有功能要求外，还可支持所有设备间的可靠的通信及数据传送。

4. 数据传送和采样

车站计算机系统完成从检票机、人工售票机和自动售票机等车站终端设备上接收并存储数据，以及传送数据给这些终端设备的功能。在车站计算机系统和车站终端设备之间相互传输的所有数据都是通过使用相同的通信协议的串行通信完成的。车站计算机系统和中央计算机系统的通信是借助于 Modem 或以太网接口接在由第三方提供的通信网上实现的，采用 TCP/IP 协议。检票机、人工售票机和自动售票机等车站终端设备的寄存器数据每 2 秒由车站计算机系统采样一次，并存在车站计算机系统的硬盘中。

车站计算机系统具有启动传送数据或向中央计算机系统中断请求的能力，该中断请求包括传送维修报警信息，采样和更新请求。如当一台车站终端设备的报警维修信息传送到车站计算机系统，车站计算机系统立即将此信息传给中央计算机系统，而不等到下一次向中央计算机系统的数据传送。

5．车站计算机系统的组件

（1）中央处理单元。

车站计算机系统的微处理器是 Intel 奔腾 133MHz 或等效产品，带有 256KB 的 Cache 内存。微处理器可同时执行多种功能，如磁盘存取，与车站终端设备和中央计算机系统通信。微处理器包含执行所有数据存储和传送的功能，以及接收、存储和下载数据去/来检票机、半自动售票机、自动售票机和中央计算机系统所必需的程序和智能操作。

（2）大容量存储器。

提供给车站计算机系统的两个大容量存储设备：一个是 1.44MB、3.5 英寸盘驱允许装载程序和操作系统；另一个是 1GB 镜像硬盘用来数据存储。当中央计算机系统发生故障时，硬盘容量最少可保存 7 天的所有数据文件。车站计算机系统的容量要求是在不能上传 AFC 系统的车站终端设备数据给中央计算机系统的条件下，脱机状态运行 7 天。

（3）通信设备。

模拟 Modern 或以太网接口将提供与 PCM/OTN 相接的通道。Modem 的数据传送速率将在 9600b/s 或以上，以太网接口速率为 10Mb/s。

（4）控制和显示。

车站 CRT、键盘和打印机构成了一个集系统控制、监视和维修功能于一体的车站计算机系统终端设备。CRT 和键盘组成一个车站通告面板。一个标准键盘和一个彩色 VGA 显示器可供操作人员和维修人员控制、监视和维修系统。

（5）不间断电源（UPS）。

车站计算机系统有一台 UPS 电源，一旦丢失主电源，它能提供 30min 后备电源以便车站计算机系统依次关闭相关文件。UPS 提供必要的隔离和滤波功能，用以防止电源浪涌影响系统运作。

【实操模块】

[实训任务]

AFC 车站计算机系统的硬件设备及系统功能认知。

[实训目的]

了解车站计算机系统的工作过程。

[实训要求]

（1）认知车站计算机系统的硬件设备。

（2）了解车站计算机系统和中央计算机系统及车站终端设备之间的协调工作过程。

[实训环境]

具有 AFC 车站计算机系统及车站终端设备的理实一体化教室或真实的地铁车站。

[实训指导]

指导老师先进行理论讲解，再到实训室或地铁车站进行车站计算机系统硬件设备的实物认知及工作过程演示，之后让学生进行自行操作训练。

任务三 自动售票机的使用

自动售票机（Ticket Vending Machine，TVM）如图 2-20 所示，安装在非付费区，用于发售单程车票，有些城市的 TVM 还具有对地铁储值票进行充值的功能。乘客按照操作提示，选择好目的地和购票数量并付款后，自动售票机将向乘客发售指定面值及数量的单程车票或将指定金额加入乘客的储值票中。

站务人员需要掌握 TVM 的状态判断，能够进行钱箱、票箱的更换操作，以及简单故障的处理，并能引导乘客购票。各城市地铁 TVM 的操作会有所不同，本任务以珠三角某城市地铁的某种型号的 TVM 为例进行 TVM 基本操作的讲解。

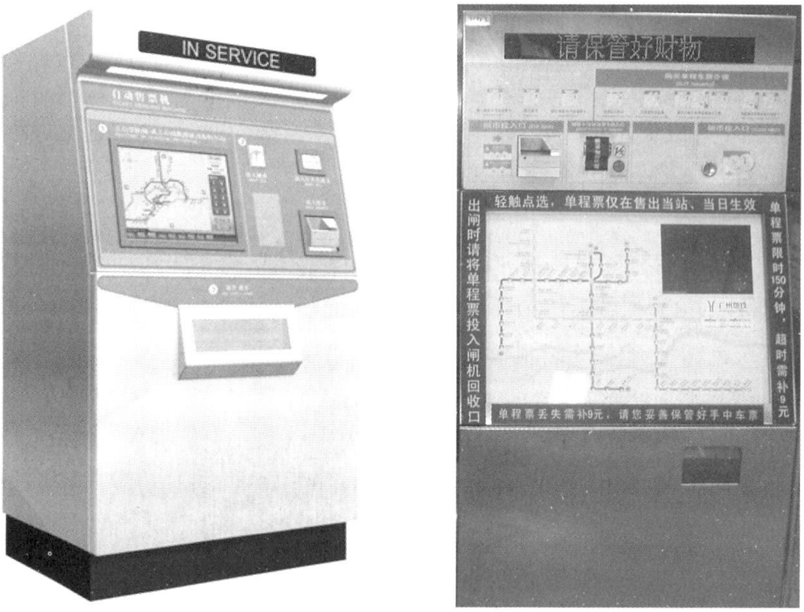

图 2-20 自动售票机

【理论模块】

1. 自动售票机的功能

自动售票机用于地铁乘客自助性购买单程票，同时有的还可以为地铁专用储值票充值并具有找零功能。

2. 内部结构

自动售票机的内部结构如图 2-21 所示。

（1）乘客显示屏控制板：控制自动售票机与乘客的交互界面——乘客显示屏。

（2）硬币处理模块：包括硬币接收器和硬币钱箱，用于硬币的接收及找零。硬币接收器包括硬币投币口、硬币验币器等，可辨别投入硬币的真伪及金额。

（3）纸币处理模块：包括纸币接收器和纸币钱箱，用于纸币的接收及找零。纸币接收器包括纸币投币口、纸币验币器等，可辨别投入纸币的真伪及金额。

（4）单程票处理模块：包括存票箱、出票机、补票箱，用于发售单程票。

（5）打印机：打印各类报表及数据。

（6）控制主机：控制 TVM 各项功能的实现。

（7）维修键盘和维修显示屏：为操作员或维修人员提高操作界面。

（8）UPS：当市电中断时，可暂时提供 TVM 临时电源。

（9）直流电源供应装置：提供 TVM 直流电源。

（10）电源接线盘：TVM 机电源接线端子，正常情况下连接市电（交流电），也提供直流电源与 TVM 机电源的连接。

图 2-21　自动售票机的内部结构

3. 技术参数

自动售票机技术参数参见表 2-2。

表 2-2 自动售票机技术参数

产品型号	V-C200S4
车票发售速度	≤1s/张
使用硬币车票发售速度	3 s /张
使用纸币车票发售速度	≤4 s /张
纸币识别速度	<2～3 s /张
接收纸币种类	13 种，4 方向
纸币暂存功能	15 张
硬币暂存功能	70～80 枚
纸币回收箱容量	1000 张
纸币找零箱容量	1000 张
硬币找零箱容量	2×500 或 2×1000（可选配）
硬币回收箱容量	2000 枚
车票票箱容量	2×750 张（卡式） 2×1000 枚（筹码式）
车票废票箱容量	50 张（卡式） 200 枚（筹码式）
乘客显示器	19 英寸液晶显示器
与车站计算机系统的通信接口	10/100Mb/s
外壳材料	2mm 304 不锈钢
工作电源	220VAC+(10～15)%, 50Hz±4%
功率	370W
外形尺寸	950mm×700mm×1800mm
重量	380kg

【实操模块】

[实训任务]

TVM 机的站务人员操作。

[实训目的]

熟悉 TVM 机的内部结构及操作。

[实训要求]

（1）熟悉 TVM 机的内部结构。

（2）能够在 TVM 机上熟练的进行记录查询、更换钱箱、补充硬币、补充单程票等操作。

[实训环境]

具有 TVM 机的理实一体化教室或仿真实训室或真实的地铁车站大厅。

[实训指导]

TVM 机的购票流程在任务一中已经进行了详细叙述，这里主要介绍 TVM 机的记录查询、更换钱箱、补充硬币、补充单程票等操作。

1. 登录

对 TVM 机进行记录查询、更换钱箱、补充硬币、补充单程票等操作之前必须先进行登录。用专用钥匙打开 TVM 维修门，TVM 机内部有个维修键盘，通过该键盘输入站务人员编号及密码进行登录。登录后，站务人员权限显示界面的主菜单如图 2-22 所示。

1 记录查询	2 盘点结账

图 2-22 站务人员权限显示界面的主菜单

2. 记录查询操作

单击“记录查询”，可查询交易、开门、钱箱取出等记录，并进行结账打印。

（1）交易记录查询，可查询最近 100 笔交易资料，内容包括日期、时间、投入金额、应付金额、找零金额、投入硬币数、投入纸币数、出票张数等。

（2）开门记录，可查询最近 50 笔开门记录。

（3）钱箱记录，可查询最近 100 笔取出钱箱的交易日期、时间、钱箱 ID 号码及钱箱剩余钱数。

3. 更换钱箱操作

在以下三种情况下可进行钱箱更换操作。

（1）车站计算机系统查询到 TVM 钱箱将满。

（2）在运营期间 TVM 乘客显示屏左上角显示钱箱将满的故障代码。

（3）运营结束后。

可更换的钱箱包括硬币钱箱、纸币钱箱及找零硬币钱箱。

在更换钱箱前，必须由上级 AFC 系统向自动售票机下达更换钱箱命令，或操作人员在打开维修门后通过维修键盘输入员工编号及密码，由自动售票机检查其是否具备更换钱箱的权限，否则开启现金安全门或移动钱箱将报警。

具体操作步骤：

（1）站务人员登录，进入主菜单，如图 2-22 所示。

（2）单击“盘点结账”，如图 2-23 所示，进入子菜单界面 1。

单击“+”键进入下一页，显示界面如图 2-24 所示，子菜单界面 2。

1 硬币回收	2 取出钱箱
3 寄存器查询	4 结账打印
按 + 下一页	

图 2-23 “盘点结账”子菜单界面 1

5 补充硬币	6 补充单程票
7 票回收盒归零	8 寄存器更换
按 - 上一页	

图 2-24 “盘点结账”子菜单界面 2

（3）在子菜单界面 1 中选择“取出钱箱”，并输入取钱箱代号及密码。

（4）用专用钥匙打开 TVM 钱箱座锁。

（5）站于 TVM 机左边，右手拉住钱箱拉环，左手拖住钱箱，慢慢拉出钱箱。

（6）按照同样的方法放入新的钱箱。

（7）锁好钱箱座锁。

4. 补充硬币操作

补币有两种情况：一种是每天营运开始前两小时对每个 TVM 机必须进行补币；另一种是在运营期间，TVM 显示屏上显示“硬币不足”信息时，及时补币。

具体操作步骤：

（1）站务人员登录。

（2）在主菜单界面选择“盘点结账”，进入如图 2-23 所示的子菜单界面 1 中。

（3）单击“+”键进入如图 2-24 所示的子菜单界面 2 中，在子菜单 2 下按 5 选择“补充硬币”，进入下级子菜单。

（4）可选择“补充硬币”或“大量补充”两种方式进行补币；“大量补币”时需在维修键盘上输入所补充硬币的个数。

5. 补充单程票操作

每天车站运营开始前或运营期间在 TVM 显示屏上显示“车票不足”信息时，需要进行补票操作。

具体操作步骤：

（1）站务人员登录。

（2）在主菜单界面选择“盘点结账”，进入如图 2-23 所示的子菜单界面 1 中。

（3）单击“+”键进入如图 2-24 所示的子菜单界面 2 中，选择“补充单程票”。

（4）将补票票筒插入单程票处理模块中的出票模块上方轨道，用钥匙打开票筒，将隔板拉出，补票票筒内的车票进入票筒，完成后将隔板推回，用钥匙锁好，再将补票票筒取出。

（5）操作人员在维修键盘上输入补入单程票的张数。

6. 故障判断

站务人员还应能够根据 TVM 显示屏左上方的故障代码判断 TVM 机故障情况。但不同类型的 TVM 其故障代码的含义有所相同，站务人员应阅读本站所使用的 TVM 机的使用维护说明书，了解故障代码的具体含义。

任务四　半自动售/补票机的使用

半自动售/补票机（BOM 或 POST），如图 2-25 所示，通常安装在售/补票房或车站服务中心内，由售票人员操作，完成车票发售/赋值、车票充值、车票分析、退款、车票交易查询及检验、分析有疑问车票，解决票务纠纷等票务要求。因此，半自动售/补票机又称人工售/补票机或票房售/补票机。

根据现场应用要求，可将半自动售/补票机的售票和补票功能分开，分别设置成单独的半自动售票机或半自动补票机，也可设置成同时具有售票和补票功能的综合设备。

各城市轨道交通车站所用的半自动售/补票机型号不同，其结构和操作也会有所不同，使用时需注意区别。本任务以某种型号半自动售/补票机的操作为例进行讲解。

图 2-25　半自动售/补票机

【理论模块】

1. 功能

半自动售/补票机可处理非付费区和付费区的乘客票务事宜，其具体功能如下所述。

（1）车票发售功能：发售包括单程票、储值票、纪念票在内的各种车票。

（2）车票分析功能：分析车票的有效性，查询车票历史交易信息。

（3）票务处理及服务功能：对无法正常完成进出站的车票进行票务更新，发售出站票，退票处理，查询票价及打印票务记录和每班财务记录。

2. 外部结构组成

半自动售/补票机外部结构组成如图 2-26 所示。

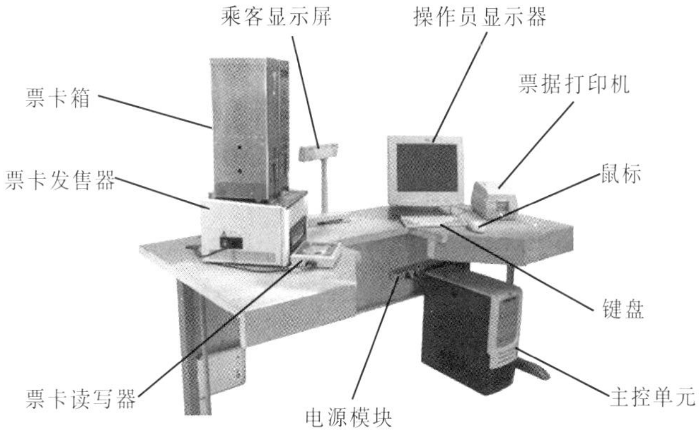

图 2-26　半自动售/补票机外部结构组成

半自动售/补票机通常由主控单元、操作员显示器、乘客显示屏、票卡箱和票卡发售器（单独的半自动补票机不含此装置）、票卡读写器、票据打印机、键盘、鼠标、电源模块（含 UPS 或电池）等部件组成。

3. 操作模式

半自动售/补票机有两种操作模式：售票模式和补票模式。

（1）售票模式：这种模式是给非付费区的乘客处理车票。该模式下可以对车票进行进/出码更新、发售和充值。

（2）补票模式：这种模式是给付费区的乘客处理车票。该模式下可以对车票进行进/出码更新、超乘更新、发售免费/付费出站票和充值。

【实操模块】

[实训任务]

半自动售/补票机的操作。

[实训目的]

熟悉半自动售/补票机的正常使用。

[实训要求]

（1）熟悉半自动售/补票机的系统组成。

（2）能够在半自动售/补票机上熟练地进行售票、充值等操作。

[实训环境]

具有半自动售/补票机的理实一体化教室或仿真实训室或真实的地铁车站售票处。

[实训指导]

1．半自动售/补票机操作系统界面

（1）登录界面。

使用半自动售/补票机必须先进行登录，登录界面如图 2-27 所示。

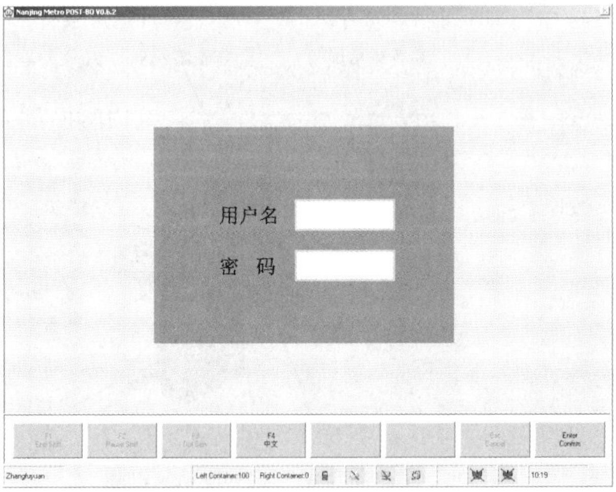

图 2-27 半自动售/补票机登录界面

（2）操作主界面。

输入操作员 ID 及密码完成登录后，进入半自动售/补票机操作主界面，如图 2-28 所示。

2．半自动售/补票机的使用

售票员在进行业务处理时，可以通过半自动售/补票机的显示器查看车票属性、卡内信

息、现金处理、操作指示等信息。通过操作半自动售/补票机，可对车票进行分析、发售、无效更新、充值、退款、查询、行政事务处理等操作。

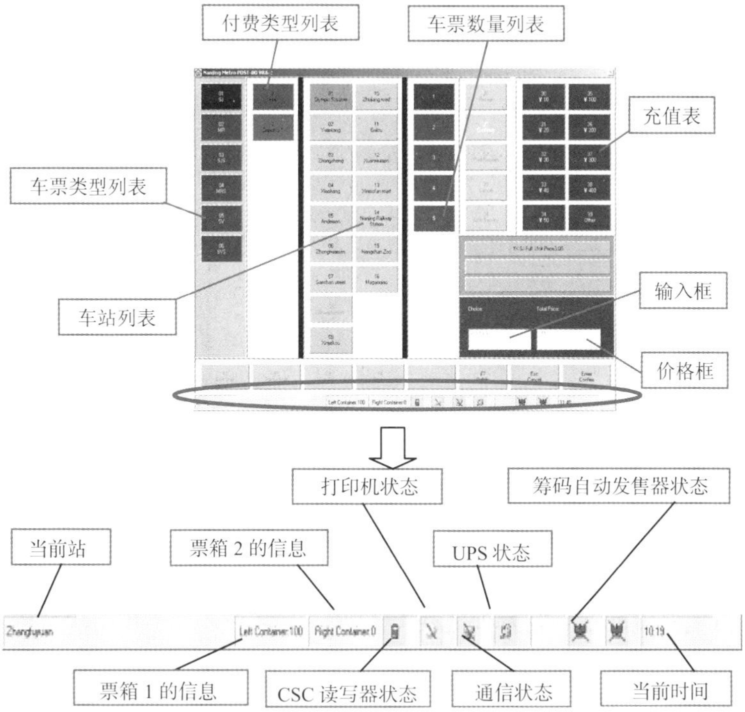

图 2-28　半自动售/补票机操作主界面

（1）单程票发售。

操作人员首先进行登录，进入 POST 机操作主界面，然后按如图 2-29 所示步骤进行操作，确认后单击“确认”键进入如图 2-30 所示界面，乘客应付总额和找零总数显示在操作员显示器上，车票的金额、目的地等重要信息显示在乘客显示屏上，供操作人员和乘客确认交易。当确认信息无误后，单击“确认”键，系统对车票进行编码并进行检验，完成后票卡由票卡发售器弹出，交付乘客。

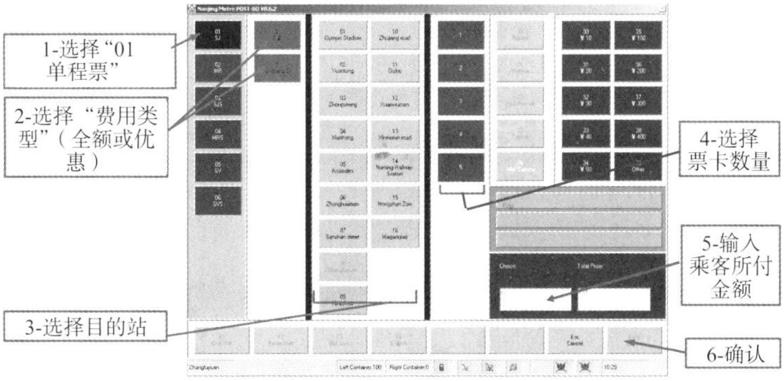

图 2-29　用 POST 机发售单程票的操作步骤

单击操作界面“21 Continue”重复操作按钮，如图 2-30 所示，可进行相同功能的重复操作，节约时间，减少操作人员的操作步骤。

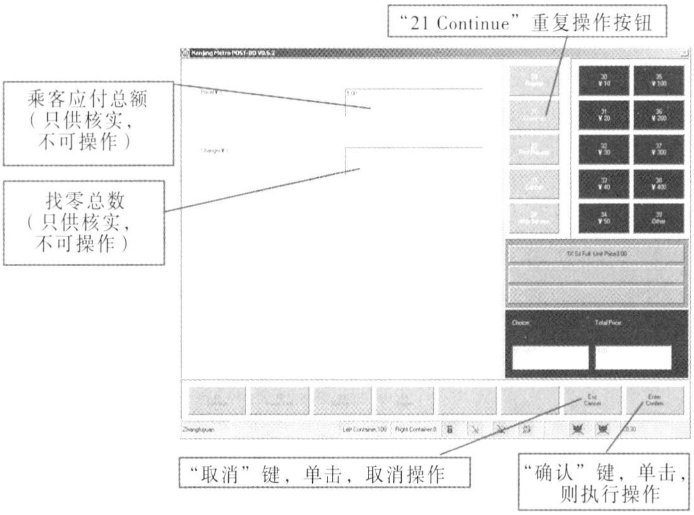

图 2-30　用 POST 机发售单程票的快捷操作方式

（2）储值卡充值。

由操作人员把储值卡（一般为非接触式 IC 卡）放入读写器，IC 卡内的信息同时显示给操作人员和乘客，操作人员根据乘客需求进行相关业务的处理。如进行充值操作，操作人员输入所充金额，再次把 IC 卡放入读写器，便可把信息写入 IC 卡内，IC 卡内的金额值经校验后，交付乘客，乘客便可用此卡进行乘车付费。操作界面分别如图 2-31 和图 2-32 所示。

（3）补票。

操作人员从乘客手里接过有问题车票放在票卡读写器上，车票被读，信息同时显示给操作人员和乘客。当从乘客手中收到补交的钱后，操作人员单击“超站”或“超时”功能键，车票被重新编码用于出站。

在人工售票机中存有黑名单文件，它与下载到检票机上的黑名单是同一文件。如果发现了一张车票上具有黑名单序号，则人工售票机的显示器上会有提示，禁止对此车票进行编码，同时向车站计算机系统发送报警信息。

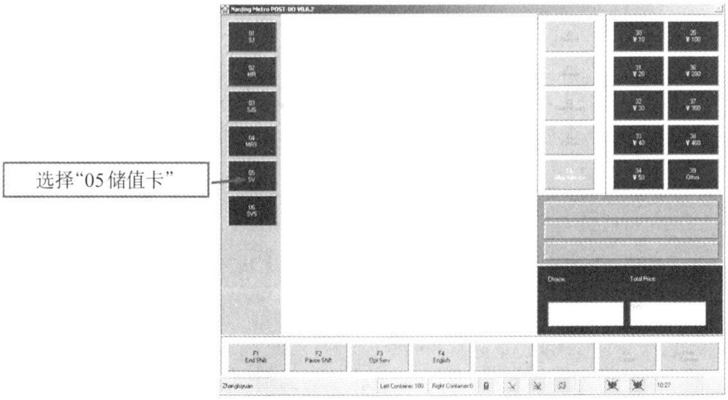

图 2-31　用 POST 机进行储值卡充值的操作步骤 1

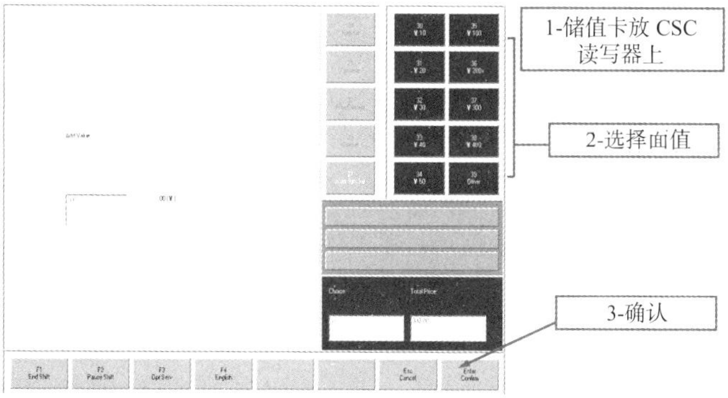

图 2-32　用 POST 机进行储值卡充值的操作步骤 2

（4）票卡分析。

操作人员把要分析的票卡放在票卡读写器上，单击相应的功能键，操作人员显示器上显示车票数据代码。操作人员需要熟悉这些数据代码，以便及时解读票卡信息。

在这种工作方式下，如果被分析的车票低于信号临界测试阈值，则不可以进行编码，但数据还能被读出，操作人员可为乘客更换一张新的票卡。

（5）系统的正常退出。

当班操作人员工作结束后，单击“签退”按钮，弹出签退窗口，操作人员输入操作人员 ID 及口令正常退出票务操作系统，票据打印机即时打印当班操作人员的操作记录。操作人员的所有操作将上传到车站及控制中心。

任务五　自动检票机的使用与维护

检票机是实现乘客自助进出站检票交易（在非付费区和付费区之间进行）的设备，当检票机检测到车票有效后，将解除通道阻挡（释放转杆或门扇开启），允许乘客进出站。

检票机安装于车站付费区与非付费区的交界处，用于实现自动的进/出站检票，故又称闸机。

对于闸机，站务人员应会判断闸机的状态、票箱的更换等操作。

【理论模块】

1．分类

检票机根据功能可以划分为进站检票机、出站检票机和双向检票机 3 种。

检票机根据阻挡装置的类型不同可以分为门式闸机和三杆式闸机两大类型，分别如图 2-33 和图 2-34 所示。

检票机根据通道宽度又可以分为普通检票机和宽通道检票机两种类型。

图 2-33　门式闸机

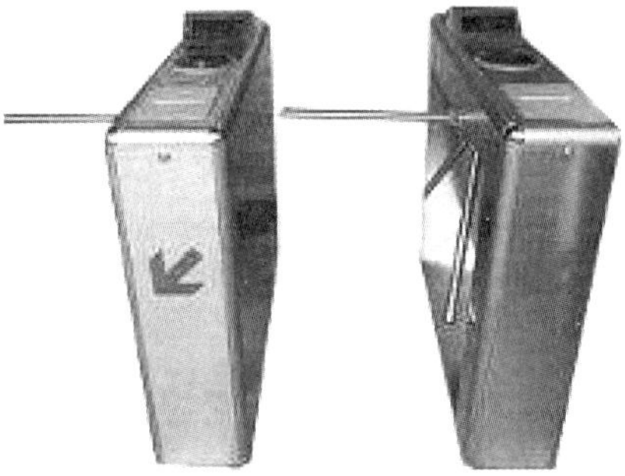

图 2-34　三杆式闸机

2. 结构组成

某型号门式闸机外部结构如图 2-35 所示。

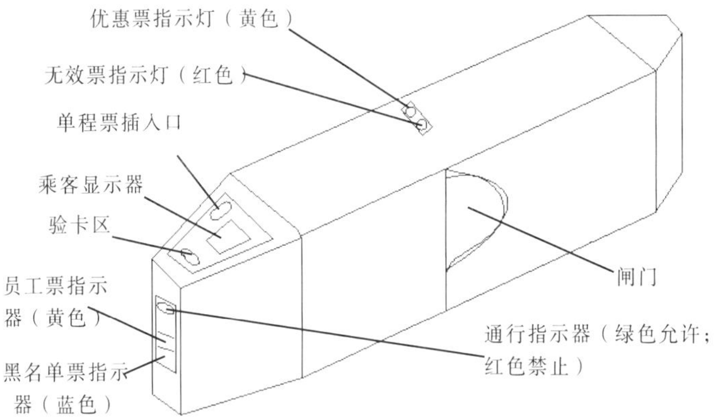

图 2-35　门式闸机外部结构

3. 内部结构

某型号门式闸机内部结构如图 2-36 所示。

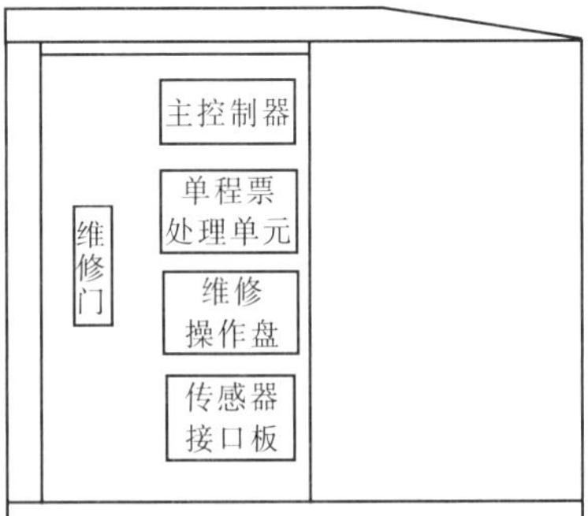

图 2-36　门式闸机内部结构

（1）主控制器。由通信模块、主控模块、I/O（输入/输出）模块组成，控制车票读写器、单程票处理单元、扇门控制器等部件的工作。

（2）单程票处理单元。负责进站闸机时单程票的有效识别和出站闸机时单程票的回收，包括车票读写器/天线、单程票回收模块、维护面板、电池模块、通行指示器、扇门控制器、警示灯等。

（3）传感器接口板。负责处理传感器接收到的乘客进/出信息，并进行相应的处理，并将信息传输给主控制器。

【实操模块】

[实训任务]

闸机的使用及故障处理。

[实训目的]

熟悉闸机的内部结构及故障的判断与处理。

[实训要求]

（1）熟悉闸机的内部结构。

（2）能够对闸机进行票箱的更换、故障的判断及处理、日常检查维护等操作。

[实训环境]

具有闸机的理实一体化教室或仿真实训室或真实的地铁车站内。

[实训指导]

各个城市轨道交通车站的闸机操作会有所不同，但基本操作步骤大同小异。本节以某型号的三杆式闸机为例，详细说明闸机的票箱更换、故障判断与处理及日常维护等操作方法。

一、闸机的票箱更换方法

当闸机的票箱将满或已满时，闸机会向车站计算机系统发送相应的信息请求更换票箱。车站计算机系统显示该闸机票箱已满或将满信号，操作人员在车站计算机系统上下达更换票箱的命令，闸机必须在接到这个命令后，才能进行票箱更换操作。具体操作步骤如下：

第一步：打开闸机的维修门后，外部“乘客显示屏”上显示闸机转入关闭模式的代码。

第二步：输入维修人员的用户 ID 和密码，显示验证成功代码。

第三步：取出满票箱，换上空票箱。

第四步：票箱清零。放入新票箱后，必须输入相应的命令进行票箱清零，并输入新票箱 ID 号。

第五步：“签退”并关闭维修门。

二、闸机故障的判断

当乘客进/出闸机出现问题时，闸机会显示相应的提示信息，闸机的状态可以通过状态代码来判定，不同的状态代码代表不同的状态。各城市轨道交通车站闸机的状态代码不同。如某种型号的闸机的状态代码含义如下：

20-密钥认证错误

21-黑名单车票

22-车票类型不符

34-超时

35-车票更新错误

36-超出日使用次数限制

23-车票状态错误
24-使用车站不符
25-余额不足
31-过期车票
32-进/出次序错误
33-进站码为系统未定义车站
37-超出总共使用次数限制
38-非法类型
E1-写卡错误
E2-读卡错误
E8-与主控制器通信中断

三、闸机的故障处理

1. 排故前的准备

（1）工具准备。

准备万用表、螺丝刀及六角扳手等工具。

（2）文件准备。

三杆式闸机接线图一份，调试说明书一本。

（3）安全准备。

调试前请确认闸机有效接地、线路无松动、机械运转部分无卡死。

2. 闸机故障的分析与处理

该型号的三杆式闸机的故障现象及原因分析、处理方法参见表 2-3。

表 2-3　三杆式闸机系统故障说明

故障现象	可能原因	排除方法
控制器灯不亮/LED 数码显示管灯不亮	1. 无电或接线端子松动 2. 电路板损坏	1. 检查线路是否供电良好 2. 检查输入接线端子是否松动 3. 检查输入电压是否正常
闸机左右转动数秒后自动停止并报警或给开闸信号后来回转动，并停下报警	四位光电开关无法正常工作	1. 检查线路是否松动 2. 检查供电是否正常
开机后电动机向一个方向转动后停下来	1. 电动机接线反接 2. 光电开关松动	1. 用 P09 测试电动机是否转动正常 2. 查看四位光电开关工作状态是否正常 3. 检查光电开关线路是否有松动
电动机运行无力	电动机工作过流	检查左侧黄色保险电阻是否过热，如过热，请移除外围多余设备
光电通行不显示	1. 线路松动 2. 光电开关损坏	1. 排查线路 2. 用万用表测电压
给一个开闸信号后很快复位	设置关闸时间太短	用 P03 设置关闸时间（默认为 10s）
给一个开闸信号后不复位	1. 电磁铁上方的光电开关接线松动 2. 光电开关损坏	1. 重新接线 2. 更换光电开关 3. 用万用表量接线柱是否有电压
通电后闸杆不能抬起	1. 电磁铁供电线路松动 2. 电磁铁座行程靠下 3. 电磁铁损坏	1. 重新接线 2. 通电后将电磁铁座行程提至吸合位，用六角扳手调整电磁铁座至合适高度 3. 更换电磁铁

续表

故障现象	可能原因	排除方法
闸机运转时摩擦力大	1. 固定盘的3个螺钉松动 2. 摩擦造成电磁铁座位置偏下	1. 锁紧螺钉 2. 调整电磁铁座至合适位置
给开闸信号后，电动机来回转动，但不能通行	1. P02 时间设置错误 2. 挡光架不在初始位置	1. 调节 P02 时间（在厂家的技术支持下完成） 2. 转动电动机至正中间位置，调整挡光架至绿灯亮
给开闸信号后，电动机来回转动	1. 到位开关接头松动 2. 到位开关损坏	1. 更换光电开关 2. 重新检查线路是否松动

3. 闸机的日常维护

三杆式闸机的日常维护工作步骤如下所述。

第一步：检查电控部分，包括主板，行程控制板，复位板，行程控制器，方向指示板，电源，变压器等。

第二步：检查传动部分，包括机芯，螺杆传动部位，电磁铁结构部位等。

第三步：检查铝盘与杆子，查看铝盘里的锁头是否牢固，杆子是否有裂痕。

第四步：检查机箱是否有受外力撞击。

具体检验方法如下所述。

（1）断电并打开机箱盖，进行以下检验：

① 打开电控箱盖，检查电控箱内、外部的接线端子有无脱落现象，并检查每位线头有没有松动或螺钉有没有固定好。

② 打开机箱盖，检查两块线路板的接线端子有没有脱落，两块板子的螺钉有没有松动，如有松动，必须将其还原到原位，再固定好。因为如果线路板被移位，很可能导致闸机卡死、来回运动或找不到零位等问题，使闸机无法正常运作。

③ 定期清除丝杆上的杂物并加入适量的润滑油。

（2）检查所有导线表面有没有绝缘破损现象；如果发现有破损现象，应立即用电工胶布包扎好或更换新线。

（3）检查机箱的内部有没有杂物和积水，如有，必须立即清理干净。在长期下雨的时段应该定期打开机箱查检、清理，要注意防潮。

思考与练习

1. 试说明在城市轨道交通系统中采用自动售检票系统的意义所在。
2. 试描述单程车票从发售到回收所经历的流程。
3. 请简述自动售检票系统构的五层构架及各层功能。
4. 请简述车站计算机系统的网络拓扑结构，并列举主要的车站终端设备。
5. 试分析自动检票机对乘客放行的判断条件。
6. 请你从使用者的角度分析现行城市轨道交通系统车票有哪些不足。

项目三 电扶梯系统

城市轨道交通系统为方便乘客，一般配置有电梯、自动扶梯及楼梯升降机（方便轮椅使用者上下楼梯用），总称为电扶梯系统。

原国标中使用电梯是指所有电力驱动代替楼梯输送乘客在楼层间上下的机电设备，随着自动扶梯的出现及大量使用，现已将使用轿厢载客上下的机电设备称作电梯。

电梯按驱动方式又分为液压电梯、曳引驱动电梯、直线电机驱动电梯、齿轮齿条驱动电梯、卷筒驱动电梯、螺杆式电梯、斜行电梯等，其中曳引驱动电梯在城轨交通系统中使用较多。

电扶梯作为地铁车站内疏散乘客的重要工具，对客流的及时疏散起到了至关重要的作用，其配置原则如下：

（1）站台至站厅间根据车站远期客流量需配备上、下行自动扶梯。如果客流量不大且高度差小于5m时，可用楼梯代替下行自动扶梯。

（2）出/入口及过街隧道根据人流量设置上、下行或上行自动扶梯，当提升高度达到10m（该高度可根据每个车站的具体情况进行调整）以上时，设上、下行自动扶梯以保证人流的疏散和服务质量。

（3）为保证残疾人乘客的正常出行，车站内还需设置残疾人电梯或楼梯升降机。楼梯升降机能沿着楼梯连续作上升、水平和90°转角运行，运行倾角不大于35°。

本项目依据站务人员的工作需要，设置了三个学习任务，让学生对每种电梯的结构有所了解，更重要的是掌握各种电梯的操作、使用维护及应急故障处理等技能。

学习目标

（1）了解曳引驱动电梯的构造；

（2）了解自动扶梯的构造；

（3）了解楼梯升降机的构造；

（4）掌握曳引驱动电梯的维护保养项目及要求；

（5）掌握自动扶梯的操作及应急故障处理方法；

（6）掌握楼梯升降机的操作方法。

学习任务

任务一：曳引驱动电梯的使用与维护

任务二：自动扶梯的操作与应急故障处理

任务三：楼梯升降机的使用

教学建议

可在具有电扶梯设备模型的理实一体化教室开展理实一体化教学；或先进行理论教学，再到地铁车站站厅进行现场教学。

任务一　曳引驱动电梯的使用与维护

曳引驱动电梯，如图 3-1 所示，是电梯的一种主流产品，因其结构简单，占用空间小，而成为城市轨道交通系统中使用最为广泛的一种直升电梯。

根据曳引机的供电电源不同，曳引驱动电梯又分为交流电梯和直流电梯。交流电梯经历了交流单速、交流双速、调压调速、变频调速等发展阶段，最终变频调速电梯以其良好的调速性能和舒适感、节能、驱动设备小、噪声低、平层精度高、可靠性高、电路负载低而成为当今主流电梯产品。

图 3-1　曳引驱动电梯

【理论模块】

一、曳引驱动电梯的结构组成

曳引驱动电梯结构如图 3-2 所示，主要由以下几个部件组成。

（1）供电及控制系统。

（2）曳引机。

（3）传动装置（曳引轮，钢缆）。

（4）对重。

（5）导轨。

（6）轿厢。

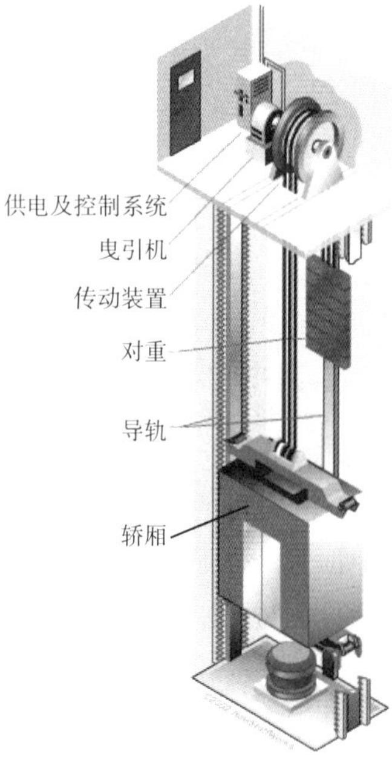

图 3-2　曳引驱动电梯结构

二、曳引驱动电梯工作原理

按下控制按钮，控制系统将控制曳引机主电路接通，使曳引机获取电能旋转起来，曳引机转轴的转动将带动曳引轮转动，从而带动钢缆拉动轿厢沿着垂直固定的导轨来回上下运行，如图 3-2 所示。

三、其他组成部件

1．电梯召唤面板

电梯召唤面板如图 3-3 所示。为了便于残障人士使用，做了如下考虑：召唤面板安装高度应较低；应有文字指示并刻有盲文；安装语音报站装置，必要的话还可以加装通话装置。

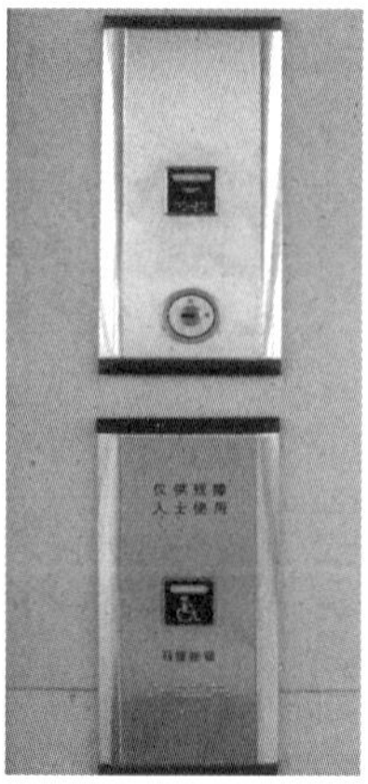

图 3-3　方便残障人士使用的电梯召唤面板

2．防电梯超速和断绳的保护

电梯由于控制失灵、曳引力不足、制动器失灵或制动力不足，以及超载拖动绳断裂等原因都会造成轿厢超速和坠落，因此，必须有可靠的保护措施。

防超速和断绳的保护装置是安全钳-限速器系统。安全钳是一种使轿厢（或对重）停止向下运动的机械装置；限速器是限制电梯运行速度的装置，一般安装在机房。当轿厢上行或下行超速时，通过电气触点动作使电梯停止运行，当下行超速电气触点动作仍不能使电梯停止，速度达到一定值后，限速器机械动作，拉动安全钳夹住导轨将轿厢制停；当断绳造成轿厢（或对重）坠落时，也由限速器的机械动作拉动安全钳，使轿厢制停在导轨上，如图 3-4 所示。安全钳和限速器动作后，必须将轿厢（或对重）提起，并经专业人员调整后方可恢复使用。

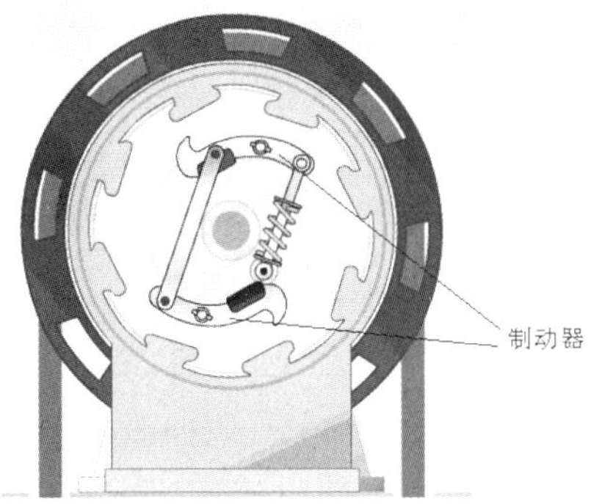

（a）限速器原始状态

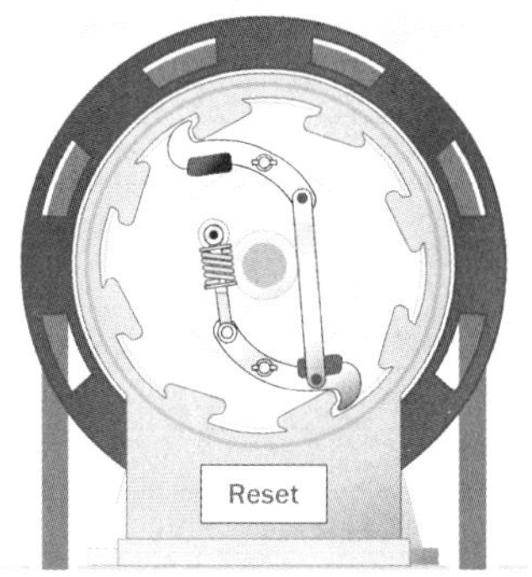

（b）限速器动作后的状态

图 3-4　限速器工作原理

3．防超越行程的保护

为防止电梯由于控制方面的故障，轿厢超越顶层或底层端站继续运行，必须设置保护装置以防止发生严重的后果和结构损坏。

防止越程的保护装置一般是由设在井道内上下端站附近的强迫换速开关、限位开关和极限开关组成。防止越程的保护装置只能防止在运行中控制故障造成的越程，若是由于曳引绳打滑、制动器失效或制动力不足造成轿厢越程，该保护装置无能为力。

【实操模块】

[实训任务]

曳引驱动电梯的使用与维护。

[实训目的]

熟悉曳引驱动电梯的日常维护保养内容及要求。

[实训要求]

熟悉曳引驱动电梯的结构及日常维护保养工作内容与要求等。

[实训环境]

具有曳引驱动电梯模型的理实一体化教室或仿真实训室或真实的地铁车站。

[实训指导]

曳引驱动电梯半月维修保养项目和要求参见表 3-1。

表 3-1 曳引驱动电梯半月维修保养项目和要求

序 号	维修保养项目	维修保养基本要求
1	电动机	运行时无异常振动和异常声
2	曳引轮，钢缆等部件	无变形、卡位等现象
3	编码器	清洁，安装牢固
4	轿顶	清洁，防护栏安全可靠
5	轿顶检修开关、急停开关	工作正常
6	井道照明	齐全，正常
7	限速器各销轴部位	润滑，转动灵活，电气开关正常
8	轿厢照明、风扇、应急照明	工作正常
9	轿厢检修开关、急停开关	工作正常
10	轿内报警装置、对讲系统	正常
11	轿内显示、指令按钮	齐全，有效
12	轿门安全装置（安全触板，光幕、光电等）	功能有效
13	轿门门锁触点	清洁，触点接触良好，接线可靠
14	轿门运行	开启和关闭工作正常
15	轿厢平层精度	符合标准
16	层站召唤、层楼显示	齐全，有效
17	层门地坎	清洁
18	层门自动关门装置	正常
19	层门门锁自动复位	用层门钥匙打开手动开锁装置释放后，层门门锁能自动复位
20	层门门锁电气触点	清洁，触点接触良好，接线可靠
21	层门锁紧元件啮合长度	≥7mm
22	底坑	清洁，无渗水、积水，照明正常
23	底坑急停开关	工作正常

任务二 自动扶梯的操作与应急故障处理

【理论模块】

一、自动扶梯的工作原理

自动扶梯是带有循环运动梯路向上或向下倾斜输送乘客的固定电力驱动设备，如图 3-5 所示。按驱动装置位置可分为端部驱动自动扶梯与中间驱动自动扶梯。

1．端部驱动自动扶梯

端部驱动自动扶梯的驱动装置位于自动扶梯的头部，并以链条为牵引构件。它由一系列的梯级与两根牵引链条连接在一起，运行在按一定线路布置的导轨上。牵引链条绕过上牵引链轮、下张紧装置并通过上、下分支的若干直线、曲线区段构成闭合环路。该环路的上分支中的各个梯级应严格保持水平，以供乘客站立。上牵引链轮通过减速器等与电动机相连以获得动力。扶梯两边装有与梯级同步运行的扶手装置，以供乘客扶手之用。为了保证自动扶梯乘客绝对安全，要求装设多种安全装置。

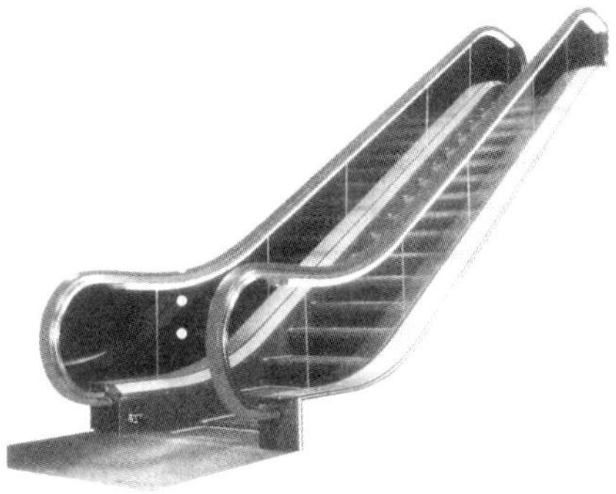

图 3-5　自动扶梯

2. 中间驱动自动扶梯

中间驱动自动扶梯的驱动装置位于扶梯中部，并以齿条为牵引构件的自动扶梯。一台自动扶梯可以装多组驱动装置，也称多级驱动组合式自动扶梯。运行时，电动机通过减速器将动力传递给两侧的构成闭合环路的传动链条，每侧的传动链条之间铰接一系列的滚子，滚子与牵引齿条的牙齿啮合，驱使自动扶梯运行。

二、自动扶梯的构造

自动扶梯的构造如图 3-6 所示，它可分成以下四大部分。

（1）梯级。

梯级是供乘客站立，能连续提升，包括梯级、牵引构件和梯级导轨系统。

（2）动力驱动装置。

完成梯路的提升和连续循环运转。

（3）框架结构。

用于自动扶梯各零件的组合和定位，以及在现场的定位安装。

（4）控制与安全装置。

控制与安全装置包括牵引链、张紧装置、梳板和扶手等。

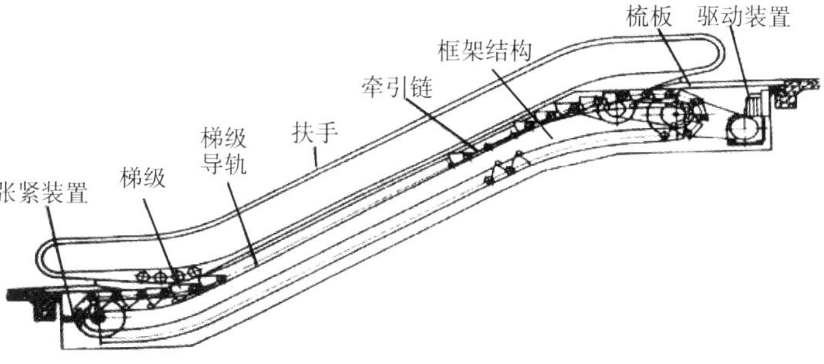

图 3-6　自动扶梯的构造

三、自动扶梯的主要技术参数

1．提升高度（H）

一般提升高度与楼层间高度差相同。

2．梯级运行速度（V）

梯级运行速度是指梯级沿着导轨运行的合成速度，而不是垂直或水平方向的分速度。国际上通用的标准速度为 0.45m/s 和 0.5m/s。较大提升高度或公共运输场合推荐使用速度为 0.65m/s 和 0.75m/s。

在公共交通运输场合的扶梯速度（均为标准梯宽）为 0.5～0.65m/s。

3．梯级宽度

600mm　1 人/每个梯级

800mm　1.5 人/每个梯级（1 个大人与 1 个儿童）

1000mm　2 人/每个梯级

4．运输能力（Q）

与梯级宽度，运行速度有关，一般公共交通型梯级宽度为 1m 及以上，运输能力都在 9000 人/h 以上。

5．水平梯级

水平梯级是指梯级前边缘到梳齿的距离（下行）或梯级的后边缘到梳齿的距离（上行）。

水平梯级越多乘客登梯时越自如，调整脚步的时间更充分，可以降低发生乘客登梯时未站稳而摔倒的可能性。

【实操模块】

[实训任务]

自动扶梯的操作及应急故障处理。

[实训目的]

掌握自动扶梯的正常操作，能够正确处理紧急故障。

[实训要求]

熟悉自动扶梯的构造，掌握自动扶梯的开启与关闭等正常操作及紧急故障情况下的停车操作。

[实训环境]

具有自动扶梯模型的理实一体化教室或仿真实训室或真实的铁车站。

[实训指导]

1．自动扶梯的操作按钮

在自动扶梯扶手的上、下两端，有“紧急停止”按钮、“上/下行运行”钥匙开关和“报警停止”钥匙开关等操作按钮，用于自动扶梯的现场操作及控制，如图 3-7 所示。

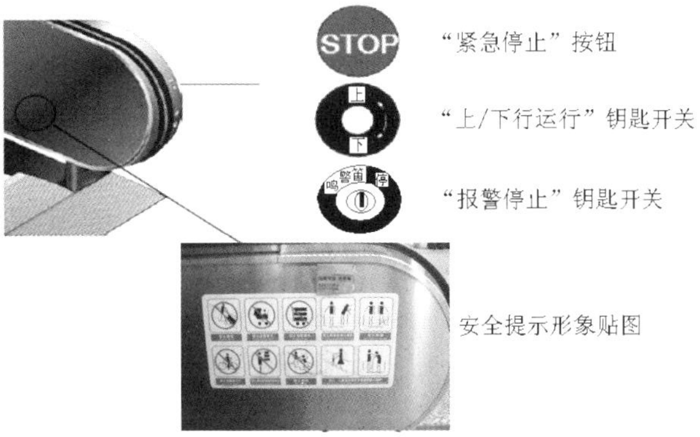

图 3-7　自动扶梯的操作按钮

（1）“紧急停止”按钮，用于当自动扶梯出现威胁乘客安全等紧急事故时自动扶梯的紧急停车。

（2）“上/下行运行”钥匙开关，用于自动扶梯运行方向的选择。

（3）“报警停止”钥匙开关，用于自动扶梯的开启前的鸣笛及自动扶梯的正常停车。

另外，在自动扶梯内侧面面板的上下端部贴有安全提示形象贴图，如图 3-8 所示。它以图示的方式向乘客说明乘坐自动扶梯的安全注意事项，其具体说明见本任务中的“拓展模块”。

2. 自动扶梯的开启

自动扶梯的开启操作步骤如下：

（1）除去自动扶梯的各梯级间隙的杂物；

（2）确认“紧急停止”按钮是否处于正常状态；

（3）将钥匙插入操作盘上“报警停止”钥匙开关，打到“鸣警笛”位，鸣响警笛，放手后，钥匙将回到中央位置，将其拔出；

（4）确认自动扶梯上没有人时，将钥匙插入“上/下行运行”钥匙开关后，向需运行方向（上行或下行）旋转，自动扶梯开始运行，待稳定后放手，钥匙自动回到中央位置后，即可拔出钥匙；

（5）确认扶手带是否正常转动，如有异常声响或振动时，立即按动“紧急停止”按钮，停住自动扶梯，同时通知维修人员。

3. 自动扶梯的关闭

操作步骤如下：

（1）将钥匙插入“报警停止”钥匙开关，向左旋转至“鸣警笛”位，鸣响警笛；

（2）确认扶梯附近或扶梯梯级上无人后，再用钥匙向右旋转至“停”位置，自动扶梯停止运转；

（3）用栅栏挡住梯口，放置“暂停服务”牌。

4．自动扶梯紧急制动

在城轨车站运营期间，自动扶梯可能会发生许多意外事故，如超速运行或突然反向运行，乘客夹住手指、物品、摔倒等。发生上述意外时，工作人员需紧急停止自动扶梯的运行，以防意外的影响扩大。

为在发生紧急事故时能够紧急停车，自动扶梯都设有紧急制动器。在发生意外时，工作人员可通过操作位于扶梯上、下端部的“紧急停止”按钮（如图 3-7 所示），实现自动扶梯的紧急制动。

具体操作步骤如下：

（1）在使用“紧急停止”按钮前，一定要通知乘客“紧急停止扶梯，请抓住扶手”，再进行操作；

（2）用手指按下红色“紧急停止”按钮，按钮凹下，并自锁（正常情况下，红色“紧急停止”按钮为凸起状态）；

（3）事故处理完后，用手指按动红色“紧急停止”按钮，使其恢复凸起状态，解除紧急停止状态，以便再次开启扶梯。

【拓展模块】

自动扶梯的安全提示形象贴图

为保证乘客乘坐自动扶梯安全，避免由于使用不当造成的损失，在使用自动扶梯时，应注意贴在自动扶梯上、下端部的安全提示形象贴图，并严格遵守，如图 3-8 所示。

图 3-8　自动扶梯的安全提示形象贴图

任务三　楼梯升降机的使用

【理论模块】

一、楼梯升降机的功能和优点

楼梯升降机是一种较新颖的设备，安装在车站站台到站厅和地面到站厅步行楼梯一侧，提供给坐轮椅的乘客上下楼梯使用，弥补了有些车站现有直升电梯不能到达地面的不足，如图 3-9 所示。

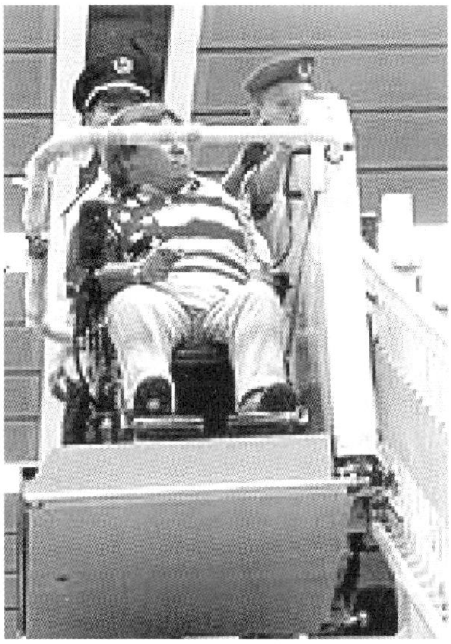

图 3-9　使用中的楼梯升降机

楼梯升降机专为残疾人士设计，可与车站控制室视频通话，方便乘客召援。楼梯升降机具有占地面积小，安装灵活，使用操作简单，设备安全性高，维护操作简单等优点。

二、楼梯升降机的结构组成

楼梯升降机外形如图 3-10 所示，由轮椅平台、扶手导轨、外唤盒、驱动电动机、控制主板及各种安全装置等部件组成，其中驱动电动机、控制主板及各种安全装置安装于楼梯升降机内部，如图 3-10 所示。

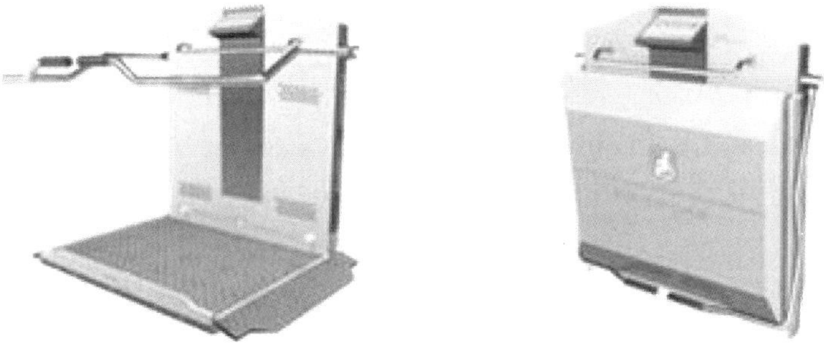

图 3-10　楼梯升降机的结构组成

1. 轮椅平台

轮椅平台包括活动板、安全挡板和安全护栏等部件，如图 3-11 所示，可通过操作外召盒的上或下按钮来控制平台收放，如图 3-12 所示。在升降机到达终点位置后，只要持续按住上或下按钮，活动板便会自动向上折放，安全护栏会向下折放。在平台折叠或者张开过程中，如果遇到故障，也可以通过手动方式完成。轮椅平台由钢件构成，保证其结构有足够的强度和刚度。

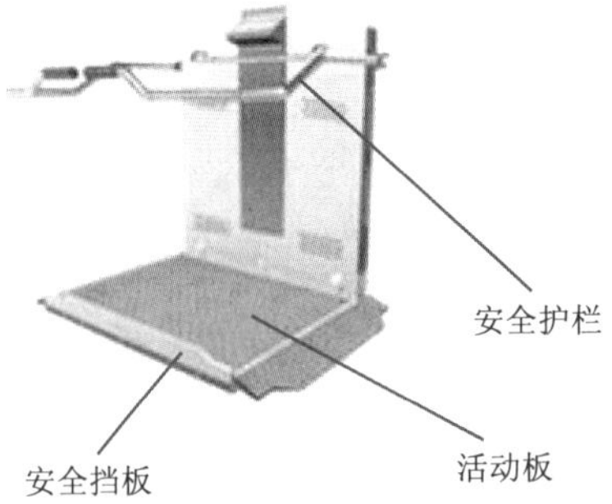

图 3-11 楼梯升降机的轮椅平台组成

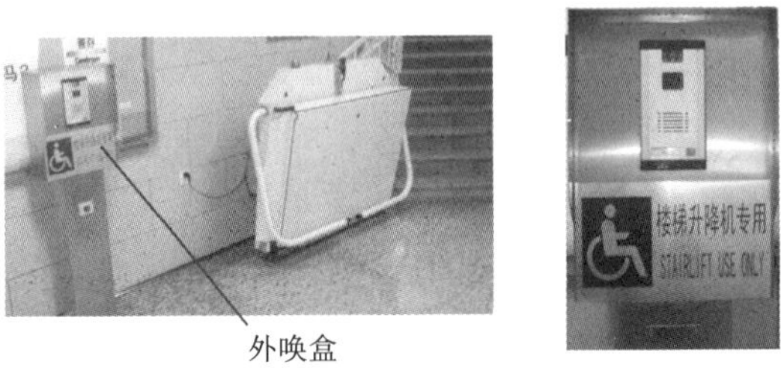

图 3-12 楼梯升降机外唤盒

2. 扶手导轨

固定在楼梯表面。扶手导轨和支撑件采用钢材制作，表面热镀锌后涂有富锌防锈漆和耐磨面漆两层，具有很好的防锈蚀功能。

3. 驱动电动机

驱动电动机采用直流电动机，安装于升降机内部，如图 3-13 所示。升降机运行速度由电动机通过齿轮减速后得到。6 个钢制驱动滚轮等距地分布在滚轮支架上，在任何地方总有 2 个滚轮同时附着在导轨上，如此循环转动使升降机上升或下降。也有采用传动链进行传动的，直流电动机带动传动齿轮，齿轮驱动传动链，传动链与导轨配合带动平台慢速运行。

驱动电动机内有制动器，用于楼梯升降机的停车。制动器断电抱闸，通电松闸，制动弹簧是压缩弹簧。

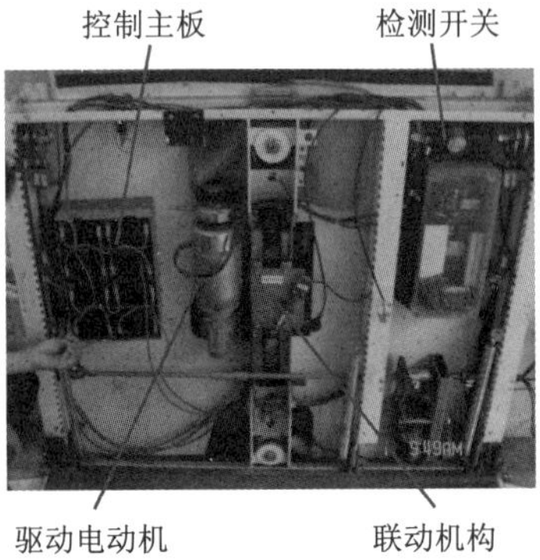

图 3-13 楼梯升降机内部结构

4. 控制主板

控制主板安装在楼梯升降机的内部，如图 3-13 所示，包括直流电源、蓄电池、主电源开关、上行继电器、下行继电器、中间继电器、时间继电器、电动机辅助继电器等。

对于运行在出入口的楼梯升降机，应能适应露天的工作条件，要求楼梯升降机上安装有控制主板部分的柜体外壳防护等级应不小于 IP55。

5. 低电源蜂鸣器

该声音信号用作电池需要充电时的提醒。当蓄电池电压低于 22.5V（视型号而定）时，升降机运行时会发出蜂鸣信号。此时应立即将升降机驶向充电地点，并尽可能向下方行驶。升降机充电一次一般需 6～8h，当充电完毕后，蜂鸣器会停止鸣叫。

6. 安全装置

为保证楼梯升降机安全可靠的工作，楼梯升降机内配备必要的安全装置，主要包括限速器开关、侧板开关、底板开关、护栏开关、限位开关、极限开关、抱闸装置、旁通开关等。

【实操模块】

[实训任务]

楼梯升降机的使用。

[实训目的]

熟悉楼梯升降机的使用。

[实训要求]

熟悉楼梯升降机的内部结构，并能够熟练使用楼梯升降机。

[实训环境]

具有楼梯升降机模型的理实一体化教室或仿真实训室或具有楼梯升降机的地铁车站。

[实训指导]

楼梯升降机的使用步骤如下：

（1）楼梯升降机未使用时处于备用状态，如图 3-14 所示；

（2）使用时，首先将楼梯升降机展开，如图 3-15 所示；

图 3-14　楼梯升降机备用状态

图 3-15　展开的楼梯升降机

（3）将乘客轮椅推到升降机平台上，按动控制器如图 3-16 所示，驱动升降机运行；
（4）用完后，将升降机重新折叠好，如图 3-17 所示。

图 3-16　楼梯升降机控制器

图 3-17　楼梯升降机折叠中

思考与练习

1. 请简述曳引驱动电梯的构造及动作原理。
2. 请简述自动扶梯由哪几部分组成，各起什么作用？
3. 试分析盘式制动器的基本工作原理。
4. 简述楼梯升降机的操作方法。

项目四 消防系统

地铁被誉为城市交通运输工具中的“绿色交通”，与城市中其他交通工具相比具有很多的优点，但是地铁系统也存在一些缺陷，由火灾带来的安全隐患就是其中主要的一项。据不完全统计，我国地铁自 1969 年相继投入运行以来，共发生火灾 156 起，其中重大火灾 3 起，特大火灾 1 起。2003 年的韩国大邱地铁火灾死亡 198 人的悲惨事件更是让人触目惊心。因此，在地铁系统内部设置全方位的、可靠的火灾报警系统及反应迅速的、灵敏的灭火系统具有重大意义。

地铁中涉及消防方面的系统有防灾报警系统（Fire Alarm System，FAS）、自动气体灭火系统、机电设备控制系统、排烟系统及消防水系统等。当车站或地铁车辆上发生火灾时，FAS 系统能够及时检测到火灾的发生及发生地点，将信息传送给机电设备控制系统，由该系统向自动气体灭火装置、排烟系统和消防水系统发出控制指令，使这些设备协调工作，迅速有效地进行灭火工作。

排烟系统是将火灾发生时产生的大量浓烟排出地铁车站或隧道（详见项目五）；消防水系统提供灭火所需的水源（详见项目六），机电设备控制系统控制所有机电设备的协调工作，进行灭火（详见项目九）。

本章将重点介绍 FAS 系统及自动气体灭火系统的有关知识。

学习目标

（1）了解 FAS 系统及自动气体灭火系统的功能。

（2）认识 FAS 系统及自动气体灭火系统的主要设备。

（3）掌握 FAS 系统及自动气体灭火系统的工作流程。

（4）能够对 FAS 系统及自动气体灭火系统的主要设备进行日常的检查维护。

学习任务

任务一：FAS 系统的认知

任务二：自动气体灭火系统的认知

任务三：常用消防设备的使用

任务四：消防设备的定期检查

任务五：城市轨道交通地下车站火灾自救与逃生技巧

教学建议

可在具有消防设施的场地开展理实一体化教学；或在具有 FAS 仿真系统的仿真实训室进行仿真教学；或先进行理论教学，再到地铁车站进行现场教学。

任务一　FAS 系统的认知

FAS 系统是防灾报警系统的简称，用于及时通过自动（各类探测器）或手动（手动报警器）的方式发现现场的火情并在 FAS 主机上进行报警，在人员对火势情况进行确认后，发出相关设备的联动指令使火灾造成的危害达到最小。

FAS 系统分布在站厅、站台、一般设备用房和办公用房等位置，能监视车站消防设备的运行状态，接收车站火灾探测器、手动火灾报警按钮等现场设备的报警信号并显示报警位置；优先接收控制中心发出的消防救灾指令和安全疏散命令，并能在火灾发生时发出模式指令使机电设备监控系统运行转入火灾模式，实现消防联动。同时可通过事故广播系统和闭路电视系统组织疏散乘客，对自动气体灭火系统保护区域进行火灾监视，达到及早发现火灾，通报并发送火灾联动指令的作用。

【理论模块】

FAS 系统的组成如图 4-1 所示，由控制器、检测装置和执行装置三大部分组成。一般情况下，一套 FAS 系统的控制器包括一台集中火灾报警控制器和多台区域火灾报警控制器。检测装置包括火灾探测器、手动火灾报警按钮及报警开关信号等装置。执行装置包括火灾报警装置、排烟阀等装置。

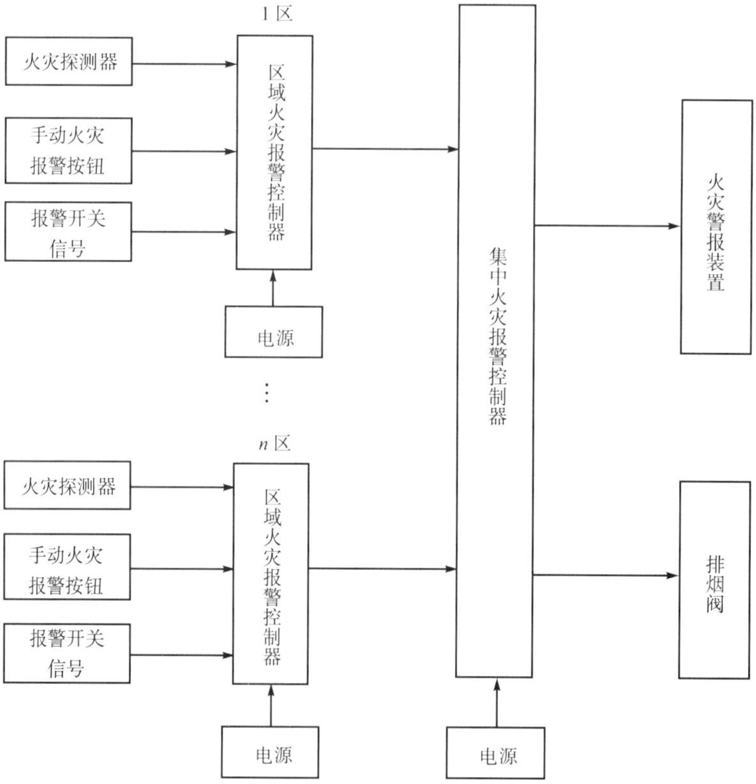

图 4-1　FAS 系统结构组成

FAS 系统采用集中管理和分站管理的二级管理制度，并由中央级火灾自动报警系统和车站级火灾自动报警系统构成了两级控制模式，中央级和车站级系统之间通过通信光缆连成环形网络，实现两级系统的信息传递和指令传输功能。

一、系统功能

FAS 系统功能可分为中央级、车站级和现场级 3 个层次功能。

1. 中央级功能

中央级功能主要是地铁全线各车站、区间隧道、控制中心大楼、车辆段和主变电所等下属所有区域范围内火灾的监视、报警、控制及其他系统的消防联动，在火灾发生时承担全线灭火指挥任务。

2. 车站级功能

车站级功能主要是负责车站范围内火灾的监视、报警、控制，以及其他系统的消防联动。车站级火灾报警控制器随时监控和接收各探测点的报警信号，可发出声光报警信号，并能自动或手动执行对有关消防设施的联动控制。模拟图形显示终端按照车站建筑平面分级、分区显示本站消防系统的详细信息，并能够实时打印、输出各种有关数据报告。视频传输系统在车站站台、站厅等公共场所安装全方位的监视器，实时收集站内的视频信息，并反映到值班室的闭路电视监控器上，由值班人员进行监控和处理。

3. 现场级功能

现场级功能主要是指火灾监控与报警设备的具体功能，如火灾探测器用于对站内设备用房、站厅、站台旅客公共区等进行火灾自动探测。手动报警器安装于站内旅客公共区、设备用房区域及地铁车厢内，以便现场人员及时通报火灾。感温电缆用于站台层变电所下的电缆夹层，实施火灾自动探测报警。另外，为便于紧急报警，在站内旅客的公共区及设备用房区域设置的消火栓箱上，以及区间隧道和站内轨道外侧所设的消火栓箱上，配置有紧急电话插孔。

二、系统设备

FAS 系统的三级功能分别配有相应的设备，以实现其功能。

（一）中央级设备

中央级设备位于 OCC 控制中心，配置有两台用于监控全线 FAS 系统的图形控制计算机和一台火灾报警控制主机，如图 4-2 所示。图形控制计算机根据不同级别的登录密码，分为主图形控制计算机和备用图形控制计算机。FAS 系统中央级设备接收并储存全线消防设备主要运行状态，接收全线车站、车辆段、主变电所等的火灾报警信息并显示报警部位。它接收到的主要报警信息有火灾报警、监视报警、设备离线故障报警、网络故障报警等；存储的信息包括各种报警信息及所有操作人员的各项操作记录等。各项记录（如故障、设备维修、清洗等）都可以在图形控制中心上进行在线编辑，可分类检索（按车站、时间、设备类型、故障类型、报警类型分类，能跟踪人员的操作记录），并输出至打印机或磁盘等，进行历史档案管理。

图 4-2　火灾报警控制主机

（二）车站级设备

地下车站火灾报警系统用于监视车站消防设备的运行状态，接收车站火灾报警信号，并显示报警区域，优先接收控制中心发出的消防救灾指令和安全疏散命令。通过车站的火灾报警控制盘上 RS-485 的数据接口或消防联动控制盘上的手动控制按钮，向机电设备控制系统（BAS 或 EMCS）发出模式指令，由该系统启动消防联动设备。有的车站设有一套单独的 FAS 系统，功能同 OCC 控制中心的火灾报警控制主机相类似，当有火灾发生时，可直接由该系统控制消防联动设备进入火灾工作模式。

对于由机电设备控制系统启动消防联动设备控制模式的系统而言，车站 FAS 系统主要由 FAS 主机操作盘、图形监视计算机和 FAS 联动控制盘组成，这些设备都集中在车站控制室，如图 4-3 所示。对于地下车站还配有气灭主机、RP 操作盘，气瓶间等设备。对于地面或高架车站，则只配有消防水泵及消火栓等手动灭火装置。

下面以某城市地铁的地下车站为例，对其消防设备做详细介绍。

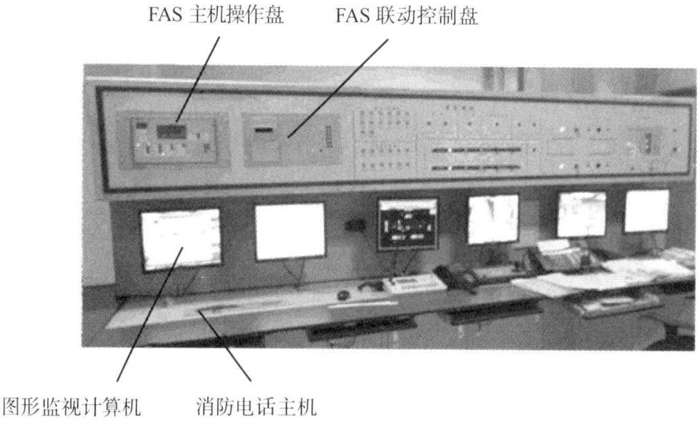

图 4-3　车站控制室内 FAS 系统设备

1. FAS 主机操作盘

FAS 主机操作盘是先进的火灾报警设备，具有火灾声光报警、报警信息查询、设备状态信息查询、设备故障信息查询及设备屏蔽等功能，如图 4-4 所示。

FAS 主机操作盘由报警信息提示栏、声光报警、按键操作盘等几大部分组成，报警信息提示栏如图 4-5 所示，按键操作盘如图 4-6 所示。

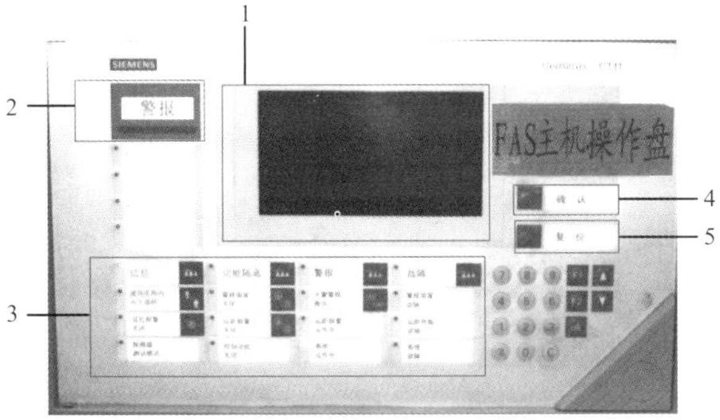

1—报警信息提示栏；2—声光报警；3—按键操作盘；

4—报警显示及确认键；5—复位键

图 4-4　FAS 主机操作盘

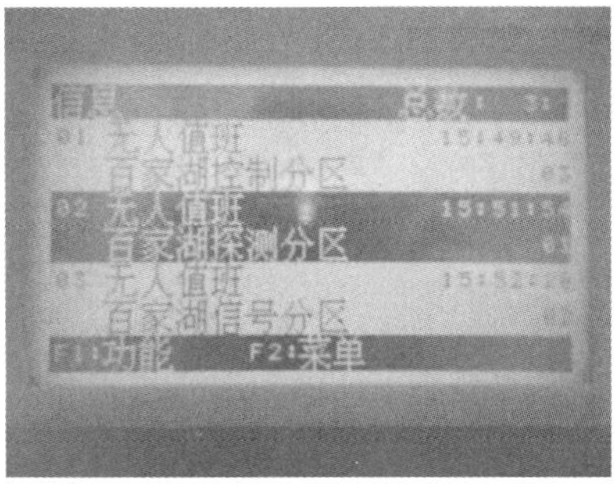

图 4-5　报警信息提示栏

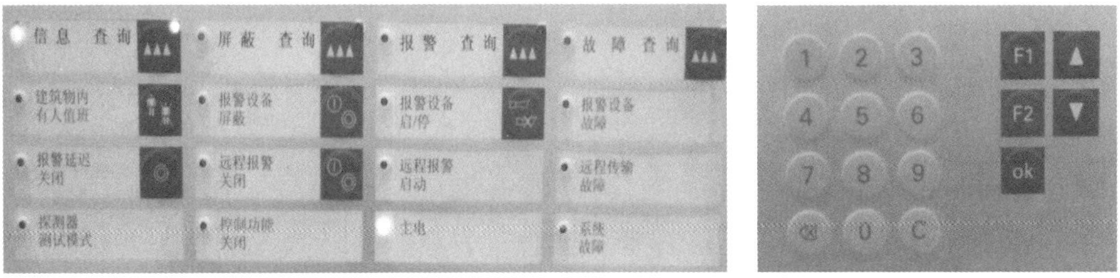

（a）　　　　（b）

图 4-6　按键操作盘

FAS 系统发现新的故障时，FAS 主机操作盘有声报警，并且“确认”键的指示灯闪烁，则说明有新的情况出现，此时应进行如下操作：

（1）在按键操作盘上的“信息”、“故障”两个按钮左边指示灯会点亮，如图 4-6（a）所示，在报警信息提示栏内读取相应的信息或故障，如图 4-5 所示；

（2）单击“确认”键对相应的信息或故障进行确认消音“确认”键，如图 4-4 所示。

注：以上操作不需要密码。

2. 图形监视计算机

车站的图形监视计算机的配置、软件及功能与图形控制中心计算机相同，只是监视本车站内的火灾报警系统。

3. FAS 联动控制盘

FAS 联动控制盘由一台控制器和一个信息数据打印口组成，如图 4-7 所示。

FAS系统联动状态分为手动联动状态和自动联动状态。由如图4-8（a）所示的右下方钥匙开关进行选择。手动联动状态下，当现场有火情的时候FAS系统只在主机上报警而不联动任何设备；自动联动状态下，当现场有火情的时候FAS系统在主机上报警的同时联动消防设备。

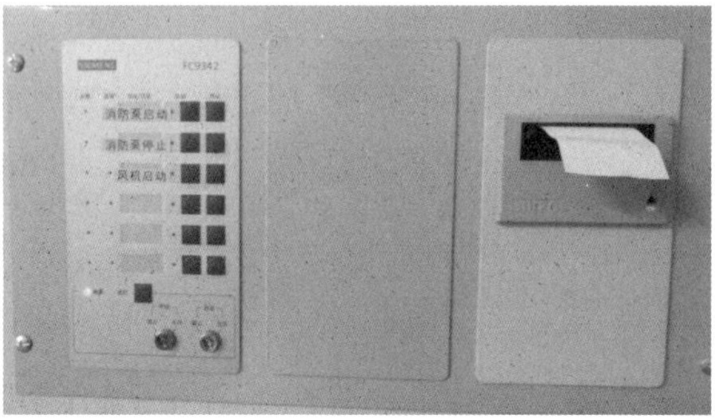

图4-7　FAS联动控制盘

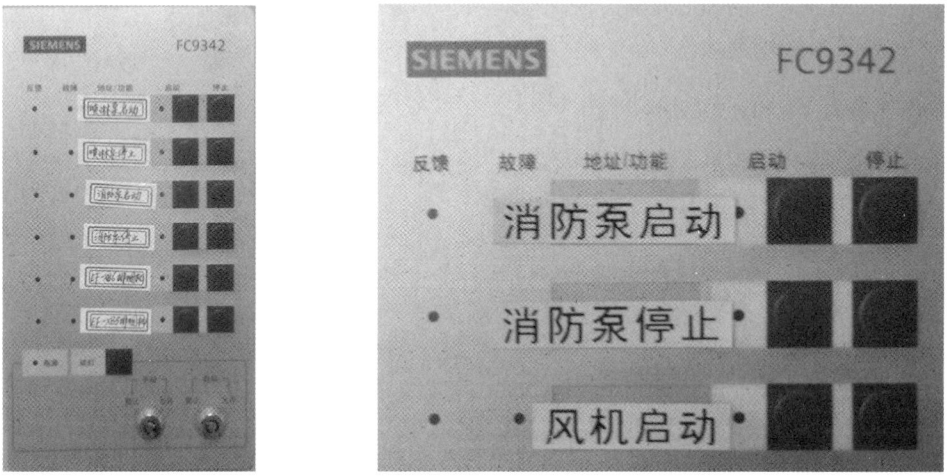

（a）　（b）

图4-8　FAS联动控制盘控制器

4．气体灭火控制盘

气体灭火控制盘简称RP盘，如图4-9所示。RP盘安装于防护区门外侧，用于控制防护区内的气体灭火设备。

RP盘下方有两个按钮，如图4-9所示，一个为“红色按钮”，是手动启动气体灭火装置用的启动按钮；另一个为“绿色按钮”，是手动停止气体灭火装置用的停止按钮。按下启动按钮，经过一定的延时时间后即可喷气灭火；但在延时时间内（一般为30～40s），如果按下停止按钮，则可紧急切断灭火信号，终止灭火系统的启动。

RP盘上的指示灯有主电指示灯，手动指示灯、自动指示灯等。正常情况下，所有指示灯都应该显示为绿色，如图4-9所示中的“亮点”即为显示为绿色的指示灯。如有指示灯闪烁或显示为红色，即为故障或报警，此时应及时通知相关 FAS 系统专业人员。

RP 盘在使用时应注意以下事项：

（1）如果气灭系统已经开始喷气，则按下“停止”按钮也无法中止系统喷气。

（2）RP 盘面有易碎玻璃保护，紧急情况下可击碎玻璃操作“启动”和“停止”按钮。

（3）正常情况下，非 FAS 系统专业人员严禁操作 RP 盘。

（4）防护区内喷气时，严禁任何人进入防护区。

（5）防护区内喷气后，非 FAS 系统专业人员严禁进行开门、复位、检查等操作。

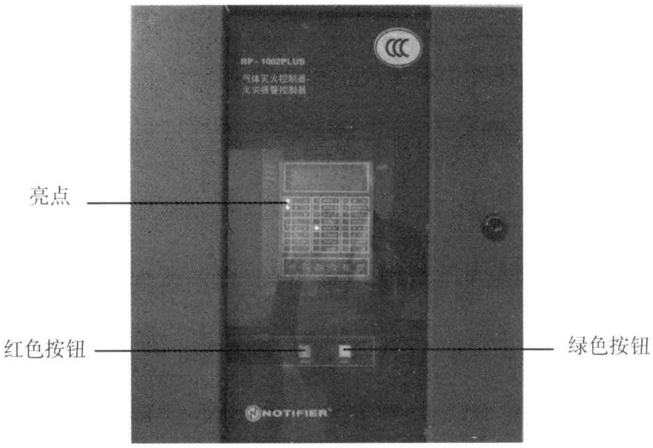

图 4-9　RP 盘

（三）现场级设备

1. 火灾探测器

火灾探测器是 FAS 系统的重要组成部分，如图 4-10 所示，它能够在火灾初期，将燃烧产生的烟雾、热量和光辐射等物理量，通过感温、感烟和感光等火灾探测器变成电信号，传输到火灾报警控制器，并同时显示出火灾发生的部位，记录火灾发生的时间。

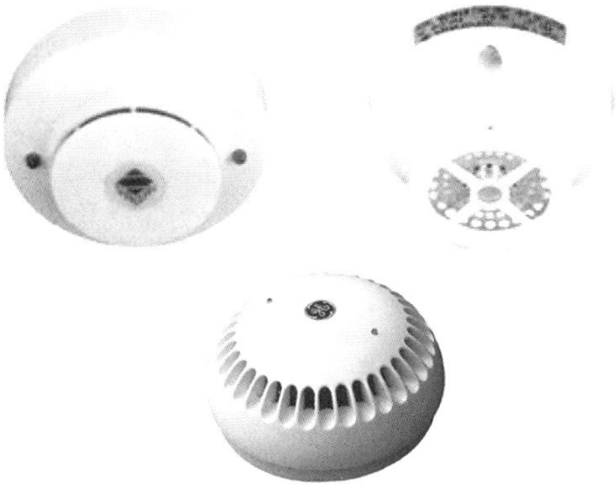

图 4-10　火灾探测器

2. 气瓶

用于自动气体灭火的气瓶，如图 4-11 所示，存放于车站气瓶间中，气瓶间外部由 RP

盘进行控制，按下 RP 盘下方的手动“启动”按钮，可控制气瓶间气瓶的开启，进行喷气灭火；但在延时时间内（30～40s），可通过按下手动“停止”按钮，紧急切断控制信号，终止气瓶的启动。

（a）气瓶　　　　（b）电磁瓶

图 4-11　气瓶间气瓶

在 RP 盘自动控制气瓶开启无效的情况下，需要到相应的气瓶间找到相应的气瓶，手动拔除电磁瓶头阀上的止动簧片，压下手柄，从而打开电磁瓶头阀，进行手动开启气瓶。

进行手动开启气瓶注意以下几点事项。

（1）确保正确地找到需要手动开启的气瓶；

（2）确保保护区内没人且防火门关闭；

（3）确保联动设备已进入防排烟工作模式。

3. 手动报警按钮

车辆段和高架站的消火栓附近，一般设有手动报警按钮，如图 4-12 所示，用于发现火灾的现场人员向车站控制室发出火灾信息，将信号传送至火灾报警控制盘，由火灾报警控制盘发出命令到消火栓泵控制箱，启动相应消火栓泵并接收其反馈信号。为防止误动作，手动报警按钮一般采用玻璃罩罩起，当发生火灾时，可将玻璃罩敲碎，按下“报警”按钮进行报警。手动报警按钮一般设置在消火栓箱附近的墙体上，其底部距地高度为 1.3～1.5m。

图 4-12　手动报警按钮

4．警铃

在火灾自动报警系统中，用以发出区别于环境声、光的火灾警报信号的装置称为火灾警报装置。警铃，是用声音传播火灾报警信号的一种电气设备，属火灾警报装置中的一种，如图 4-13 所示。

为防止火灾发生时地铁乘客的惊慌，地铁车站一般不设警铃。非地铁车站的相关建筑，例如控制中心、集中冷站、主变电站及车辆段等场所应设置警铃。警铃大部分安装于建筑物的公共空间部分，如走廊、大厅等。

警铃由控制盘的电源进行供电，通过控制模块进行控制。当发生火灾并确认后，由火灾报警控制盘发出命令至控制模块，控制模块动作，继电器接点闭合，警铃得电鸣响；当需要消除警铃声时，在火灾报警控制盘上按消音键，可使警铃控制模块复位，继电器接点断开，警铃失电停止报警。

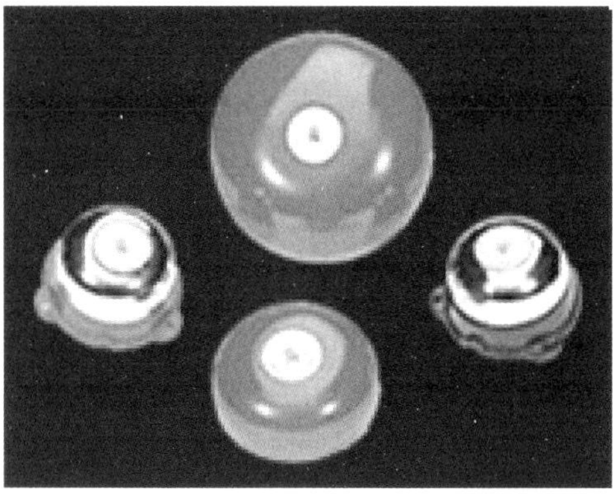

图 4-13 警铃

【拓展模块】

火灾探测器

在火灾报警系统中，火灾探测器属检测部件，是系统的重要组成部分。探测器可探测到火灾初期燃烧产生的烟雾、热量和光辐射等物理量，并将上述物理量转换为电信号，传输到火灾报警控制器中。根据探测器所检测的物理量的不同，可将火灾探测器分为感烟式火灾探测器、感温式火灾探测器和感光式火灾探测器，如图 4-14 所示。

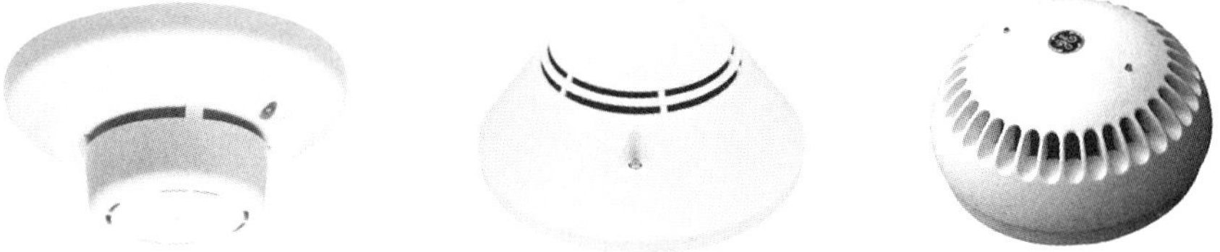

（a）离子感烟式 （b）光电感烟式 （c）智能感烟式

图 4-14 各种形式的火灾探测器

（d）点型感温式　　（e）差定温式　　（f）感光式

图 4-14　各种形式的火灾探测器（续）

一、红外光束感温探测器

红外光束感温探测器，如图 4-15 所示，是一种利用红外光束检测保护范围内的温度参数，从而进行火灾检测的一种火灾探测器。在城市轨道交通系统中它一般用在车辆段的检修库和运用库内。红外光束感烟探测器具有灰尘积累补偿功能，对于非火灾因素灰尘的自然累积，探测器可以自动补偿而避免误报。

图 4-15　红外双光束探测器

某型号红外光束感温探测器的主要技术参数如下：

（1）保护长度范围：9.14～100m；

（2）宽度光束之间的距离：≤18.24m；

（3）光束与墙壁之间的距离：≤9.14m；

（4）工作环境温度：-30～55°C；

（5）工作环境湿度：10%～95%；

（6）灵敏度：二级可调，即 30% ± 5%减光率或 55% ± 5%减光率；

（7）故障状态：95%减光率；

（8）响应时间：≤15s。

二、感烟式火灾探测器

感烟式火灾探测器是将探测部位烟雾浓度的变化转换为电信号以实现报警目的的一种器件。它对可见的或不可见的烟雾粒子都能进行响应。

感烟式火灾探测器主要分为以下几种探测类型。

（1）离子感烟式探测。

离子感烟式探测是使局部空气成电离状态，当烟粒子进入电离化区域时，利用空气的导电性，使探测器发出警报。

（2）光电感烟式探测。

光电感烟式探测是利用起火时产生的烟雾能够改变光的传播特性这一基本性质而进行火灾探测。

（3）激光感烟式探测。

激光感烟式探测是通过对警戒范围内某一线状窄条周围烟气参数响应来进行探测。

感烟式火灾探测器的安装原则：适宜安装在发生火灾后产生烟雾较大或容易产生阴燃的场所；不宜安装在平时烟雾较大或通风速度较快的场所。

三、感温式火灾探测器

感温式火灾探测器是对警戒范围中某一点或某一线路周围温度变化时进行响应的一种火灾探测器。它能将温度的变化转换为电信号以达到报警目的。

感温式火灾探测器的主要类型有定温式探测器、差温式探测器和差定温式探测器。

感温式火灾探测器适宜安装于起火后产生烟雾较小的场所，平时温度较高的场所不宜安装感温式火灾探测器。

四、探测器设置要点

火灾探测区域一般以独立的房间划分，探测区域内的每个房间内至少应设置一只探测器；在敞开或封闭的楼梯间、消防电梯前室、走道、坡道、管道井、闷盖和夹层等场所都应单独划分探测区域，并设置相应探测器；探测器的设置一般按保护面积确定，每只探测器的保护面积和保护半径的确定要考虑房间高度、屋顶坡度和探测器自身灵敏度三个主要因素的影响。

火灾探测器正常工作的干扰因素有粉尘、潮气、电磁场和高速气流等。排除干扰因素的主要方法：正确选定火灾探测器的类型；安装位置要合理确定；合理规范布线。

任务二 自动气体灭火系统的认知

【理论模块】

一、自动灭火系统

自动灭火系统是指根据 FAS 系统或机电设备控制系统的指令，自动控制相关的消防设备和固定式灭火装置进行联动灭火的一套自动化系统。

自动灭火系统配备所需的固定式灭火装置主要有喷洒水设备、消火栓设备、卤化物灭火设备、室外消火栓设备、消防泵和管路电动阀等。根据自动灭火系统的不同，配置不同的固定式灭火装置。消火栓灭火系统由于具有使用方便、来源广泛、灭火效果好、价格便宜和适用范围广等特点，是目前建筑物中最基本的灭火设施。

根据灭火材料的不同，自动灭火系统分为自动喷水灭火系统、自动气体灭火系统和自动干粉灭火系统等几种类型。

自动喷水灭火系统在火灾初期可进行自动喷水灭火，具有用水量少、灭火成功率高、损失小、无人员伤亡、反应灵敏和灭火迅速等优点；但其建造成本高。

自动干粉灭火系统的灭火历时短、效率高、绝缘好、灭火后损失小、不怕冻、不用水、可长期储存。干粉灭火器轻便灵活，使用广泛，对扑灭初期火灾具有显著效果。

与前两种自动灭火系统相比，自动气体灭火系统具有事后处理工作量小、控制电器着火及油气火势蔓延效果好等优点；但其成本较高，也有可能对大气造成污染和对人体造成危害。随着技术的不断进步，自动气体灭火系统采用的气体逐渐改进为无害气体，又由于其突出的优势，在城市轨道交通系统车站得到广泛应用。

二、自动气体灭火系统

自动气体灭火系统布置在重要的设备房，如高低压室、通信设备室、环控电控室、信号设备室等，能实现火警信号采集、系统信息处理、声光报警控制、信息报告、相关环控设备联动控制和气体释放全过程自动控制。其控制方式一般有自动控制、电气式的手动控制和机械操作控制三种。目前应用到地铁项目中的全自动气体灭火系统绝大部分是以卤代烷（如 1301、FM200、烟烙尽等）和二氧化碳气体作为灭火材料。本章给大家介绍以烟烙尽为主要灭火材料的卤代烷灭火系统（简称烟烙尽系统）的使用方法，烟烙尽系统如图 4-16 所示。

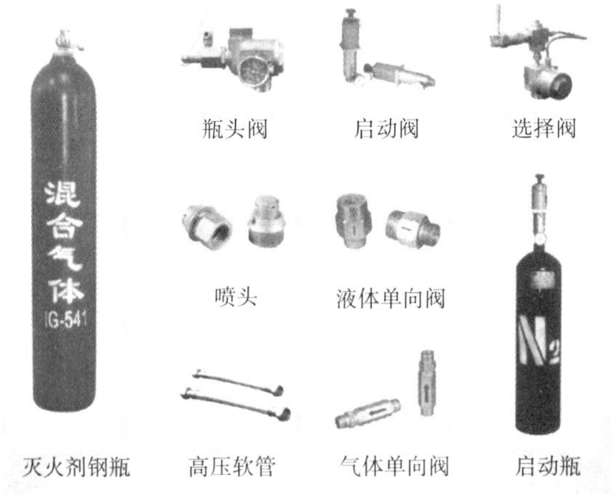

图 4-16 烟烙尽系统的混合气体及各种阀门

烟烙尽（INERGEN）是一种完全自然组态的气体材料，由 52%氮气（N_2）、40%氩气（Ar）和 8%二氧化碳（CO_2）三种气体混合而成。密度略大于空气。由于该药剂是三种自然界气体的混合物，它的释放只是将这几种气体回归大自然，因此，它是一种无毒、无色、无味的惰性气体及不导电的纯“绿色”环保气体，属于清洁气体灭火剂。

【实操模块】

[实训任务]
烟烙尽系统的使用。

[实训目的]
了解烟烙尽系统设备及操作。

[实训要求]
（1）熟悉烟烙尽系统的设备。

（2）熟悉烟烙尽系统的开启和急停操作方法。

[实训环境]
具有烟烙尽系统的模拟仿真实训室或地铁地下车站。

[实训指导]
烟烙尽系统的启动和急停操作方法。

一、烟烙尽系统的启动操作

（1）按下自动气体灭火装置控制盘（RP 盘）上的“启动”按钮，如图 4-17 所示，FAS 操作盘上应出现声、光报警信号并显示出事地点，RP 盘已动作，同时输出控制信号，引起如下联动。

图 4-17　自动气体灭火装置控制盘

（2）保护区内蜂鸣器及闪光灯开始鸣叫并发出闪光。

（3）输出火警信号至中央级消防报警系统总控制盘。

（4）无延时直接启动主动气瓶和电磁选择阀上的电磁阀启动器，从而开启主动气瓶和电磁瓶的电磁选择阀，系统开始向保护区范围内喷射烟烙尽气体。

（5）安装在气体输送管道上的压力开关动作，同时输出信号至消防报警系统总监控盘。

二、烟烙尽系统的急停操作

在自动控制时，如发现系统误动作，或确有火灾发生但仅使用手提式灭火器或其他移动式灭火设备即可扑灭火灾时，可在按下启动按钮到开始喷气的延时时间内按下 RP 盘上的“停止”按钮，如图 4-17 所示，可使系统暂时停止释放药剂。

注：需持久按下“停止”按钮，直至系统复位！

任务三　常用消防设备的使用

为在第一时间对火势进行控制，尽可能降低火灾带来的损失和乘客的安全隐患，城市轨道交通车站配备有足够数量的常用消防设备，如消火栓、手提式灭火器等，如图 4-18 所示。车站站务人员必须掌握车站的基础灭火装置的使用方法，并能够根据实际情况进行器材的选取及正确使用。

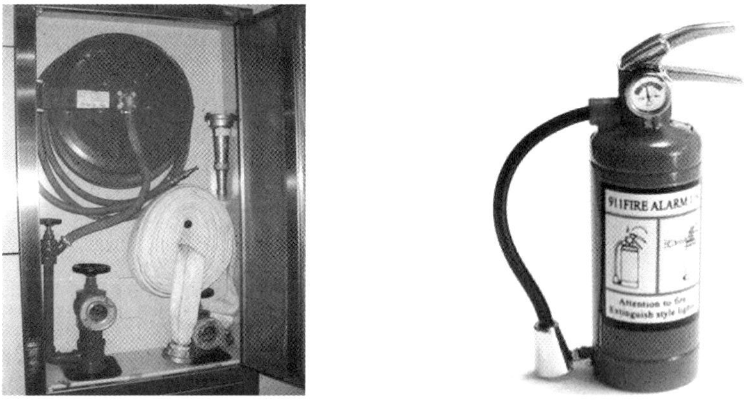

（a）消火栓　（b）手提式灭火器

图 4-18　常用消防设备

【实操模块】

[实训任务]

消火栓和灭火器的使用。

[实训目的]

了解消火栓和灭火器的使用方法。

[实训要求]

（1）熟悉消火栓和灭火器的结构组成。

（2）能熟练使用消火栓和灭火器。

[实训环境]

具有消火栓和灭火器的适合教学的场地。

[实训指导]

1. 消火栓的使用步骤

（1）按下“报警”按钮并打开消火栓，如图 4-19（a）所示。

（2）抛开水带，如图 4-19（b）所示。

（3）接上水枪，如图 4-19（c）所示。

（4）连接水源，如图 4-19（d）所示。

（5）手握水抢头及水管，打开水阀门，即可灭火，如图 4-19（e）所示。

注：如遇到电器火灾，应先断电后灭火。

（a）打开消火栓

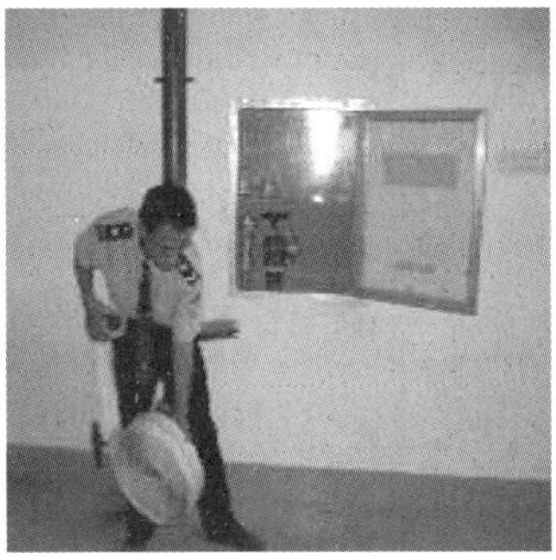

（b）抛开水带

（c）接上水枪

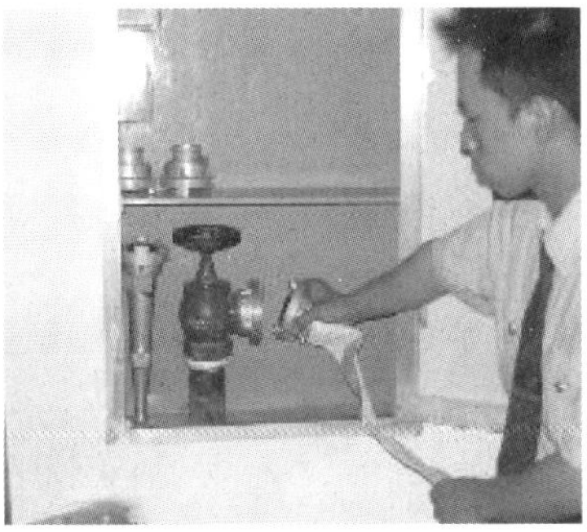

（d）连接水源

（e）打开水阀门

图 4-19　消火栓的使用步骤

2. 灭火器的使用

几种常用的灭火器有干粉灭火器、二氧化碳灭火器和泡沫灭火器，如图 4-20 所示。

（a）干粉灭火器

（b）二氧化碳灭火器

（c）泡沫灭火器

图 4-20　常用灭火器

灭火器的使用步骤如下：

（1）右手拖压把，左手拖灭火器底部，轻取，如图 4-21（a）所示；

（2）除掉铅封，如图 4-21（b）所示；

（3）拔掉保险销，如图 4-21（c）所示；

（4）左手握着喷管，右手提着压把，如图 4-21（d）所示；

（5）在距离火焰 2m 的地方，右手用力压下压把，左手拿着喷管左右摆动，喷射干粉覆盖整个燃烧区，如图 4-21（e）所示。

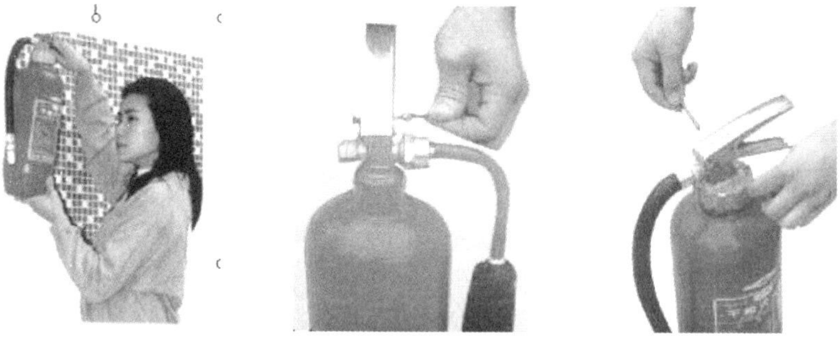

（a）取下灭火器　（b）除掉铅封　（c）拔掉保险销

（d）左手握着喷管，右手提压把　（e）右手用力压下压把喷射干粉

图 4-21　灭火器的使用步骤

任务四　消防设备的定期检查

本任务所指的消防设备包括消防器材和消防设施两个方面。

消防器材是指灭火器、干沙箱、防毒面具等器材。消防设施是指建筑物内的火灾自动报警系统、自动喷水灭火系统、水幕系统、防火门、防火卷帘、室内消火栓、室外消火栓、高位水箱、水泵接合器、警铃、消防应急灯等固定设施。消防安全标志是指与消防有关的文字、图案等。如图 4-22 所示为消防应急灯，如图 4-23 所示为安全出口标志。

消防器材和消防设施的使用和管理有严格的规定，必须由专职人员对消防器材和消防设施的使用情况进行日常巡检，按照消防器材和消防设施的性能要求，每日、每季度或每年进行一次检查，对达不到标准的消防器材和消防设施及时更换或维修。

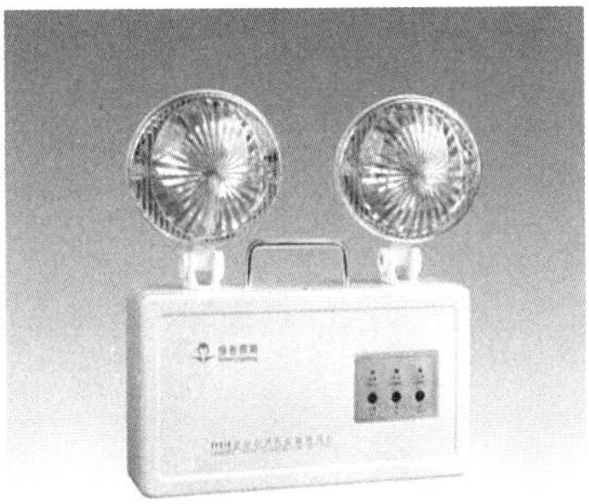

图 4-22　消防应急灯

图 4-23　安全出口标志

下面详细介绍各种消防器材和消防设施的定期检查项目和内容。

一、FAS 系统的定期检查

FAS 系统设备构成如图 4-24 所示。

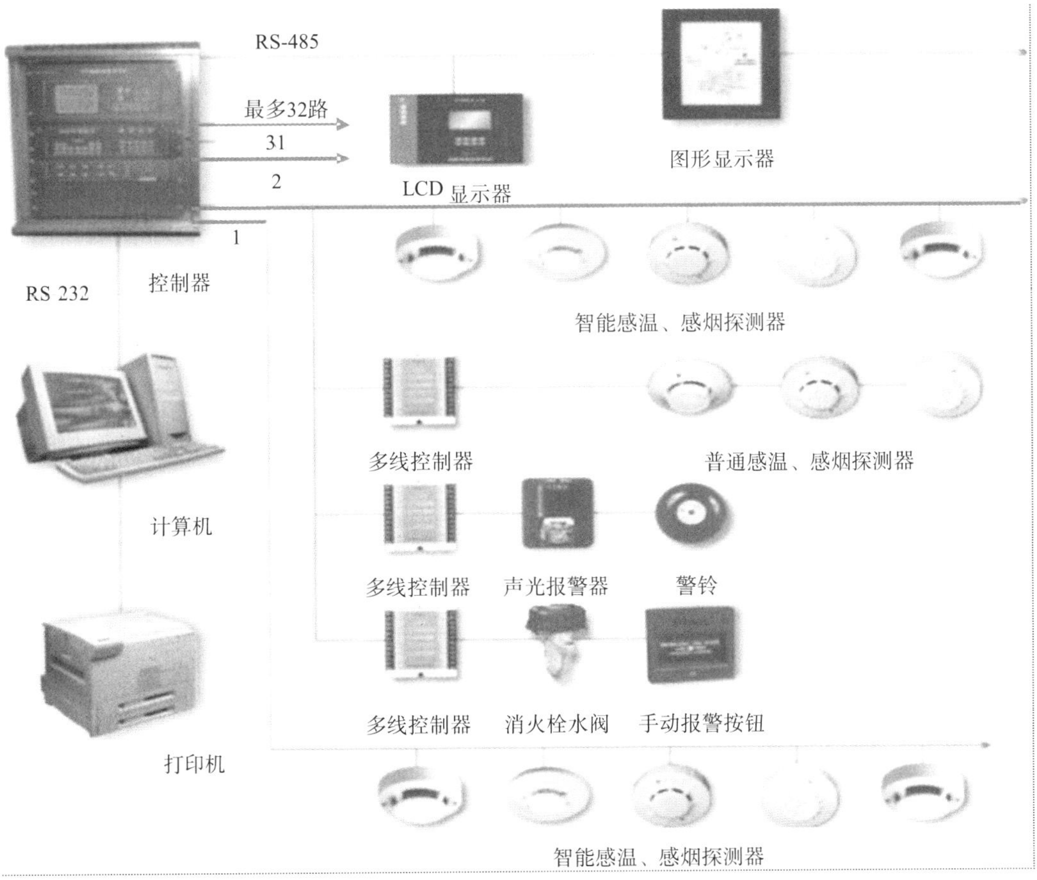

图 4-24　火灾自动报警系统的设备组成图

1．每日检查

每日应检查集中报警控制器和区域报警控制器的功能是否正常。检查分自检和巡检两种，可通过搬动报警控制器上的自检、巡检开关来检查其功能是否正常。没有自检、巡检功能的，也可采用给一只探测器加烟（或加温）的方法使探测器报警，来检查集中报警控制器或区域报警控制器的功能是否正常。同时检查复位、消音、故障报警的功能是否正常。如发现不正常，应在日登记表中记录并及时处理。

2．每季度试验和检查

每季度对火灾自动报警系统的功能应作下列试验和检查。

（1）按生产厂家说明书的要求，使用专用加烟（或加温）等试验器分期、分批试验探测器的动作是否正常，确认灯显示是否清晰。试验中发现有故障或失效的探测器应及时拆换。

（2）检验火灾自动报警装置的声、光显示是否正常。在实际操作试验时，可一次全部进行试验，也可部分进行试验。但试验前一定要做好妥善安排，以防止不应有的恐慌和混乱。

（3）自动喷水系统管网上的水流指示器、压力开关等是电动报警装置，应试验他们的报警功能、信号显示是否正常。

（4）对备用电源进行 1～2 次充放电试验，1～3 次主电源和备用电源自动转换试验，检查其功能是否正常。具体试验方法：切断主电源，查看是否自动转换到备用电源供电，备用电源指示灯是否亮灯，4h 后，再恢复主电源供电，查看是否自动转换，再检查一下备用电源是否正常充电。

（5）有联动控制功能的系统，应用自动或手动检查消防控制设备的控制显示功能是否正常。

（6）强制消防电梯停首层试验。如条件许可，客梯和货梯也应切除外选，接通内选，进行一次强制电梯停首层试验。

（7）消防通信设备应进行消防控制室与所设置的所有对讲电话通话试验，电话插孔通话试验，通话应畅通，语音应清楚。

（8）检查所有的手动、自动转换开关，如电源转换开关、灭火转换开关、防排烟、防火门、防火卷帘门转换开关、警报转换开关、应急照明转换开关等是否正常。

（9）进行强制切除非消防电源功能试验。

（10）检查备品备件、专用工具及加烟、加温试验器等是否齐备，并处于安全无损和适当保护状态。

（11）直观检查所有消防用电设备的动力线、控制线、报警信号传输线、接地线、接线盒及设备等是否处于安全无损状态。

（12）巡视检查探测器、手动报警按钮和指示装置的位置是否准确，有无缺漏、脱落和丢失，每个探测器的下方及周围各方向、手动报警按钮的周围是否留出规定的空白空间。

（13）可燃气体探测器应按生产厂家说明书的要求进行试验和检查。

3. 年度检查试验

每年对火灾自动报警系统的功能应作全面检查试验，并填写年检登记表。

二、自动喷水灭火系统的定期检查

自动喷水系统的结构如图 4-25 所示。

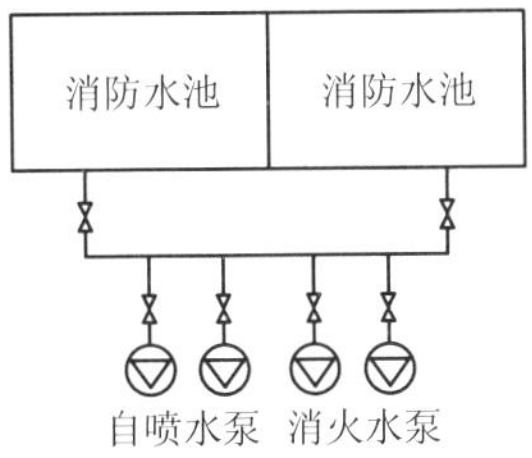

图 4-25　喷水系统

1. 日常检查

自动喷水系统在使用中，应每日进行检查，检查内容主要包括以下几个方面。

（1）水源的水量和水压。

（2）消防泵动力。消防水泵应每天运转一次。若采用自动控制时，应模拟自动控制参数进行启动运转，每次运转为 5min。

（3）报警阀各部件的工作状态。每天巡检一切供水总控制阀、报警控制阀及配件，进行外观检查，保证系统处于无故障状态。

（4）自动充气装置的工作状态，如气压水罐、增压水灌等。

2. 定期检查

除日常检查时，应每月对系统进行一次定期检查。

（1）喷头。

每月检查一次喷头外观，喷头外表应清洁，尤其是感温元器件部分，对轻质粉尘可用空气吹除或用软布擦净；对含有污垢的喷头应将其分批拆换，集中清理，但不能用酸碱溶液或热水洗擦。

（2）报警阀。

每月检查一次室外阀门井中的控制阀，保证阀门处于开启状态。对报警阀进行开阀检验，观察阀门开启性能和密封性能，以及水力警铃、延迟器的性能。此试验可通过末端装置进行。如发现阀门开启不通畅或密封不严，可拆开阀门检查，视情况调换阀瓣密封件。对安装的压力表要定期检验。

（3）管路。

检查系统管路有无腐蚀渗漏，湿式系统管路内的水应定期排空、冲洗。对水雾系统管路中的过滤装置应定期清扫。如发现管路中有沉积物，应进行冲洗。

（4）水源。

每月检查一次储存消防用水的水池、消防水箱，核对水位及消防水不被他用的技术措施，发现故障，及时进行修理。检查消防泵的启动、吸水、流量和扬程，利用报警控制阀旁的泄放实验阀进行一次供水试验，验证系统供水能力。

（5）每月检查一次水泵接合器的接口及其部件，保证接口完好、无渗漏、有闷盖。

（6）每月对水流指示器试验一次，利用末端装置实验阀排水，检查其能否及时报警。

（7）检查火灾探测报警装置和压力开关、水流指示器的工作状态。如发现故障及时调换或检修。

3. 年度检查

（1）每两年对储水设备应维修一次，进行修补和重新油漆。

（2）每两年对消防水泵应解体维修一次。

（3）自动喷水系统每年应进行一次可靠性评价，并对施工验收、日常管理维护、修理情况进行总结。

三、二氧化碳灭火系统的定期检查

二氧化碳灭火系统的结构如图 4-26 所示。

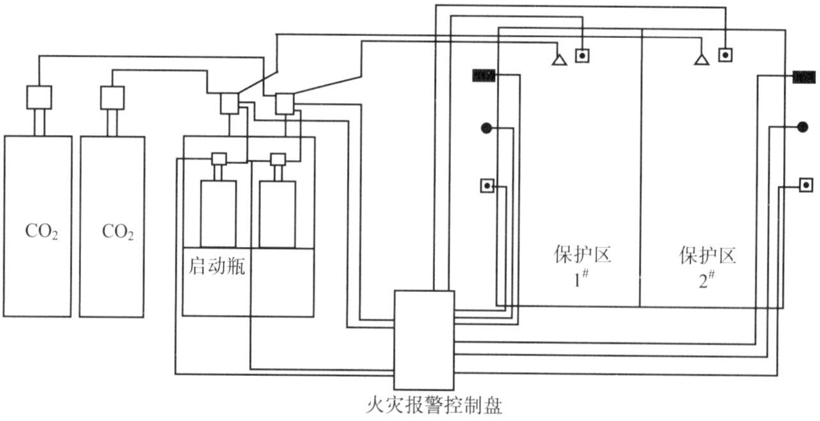

图 4-26　二氧化碳灭火系统

要使二氧化碳灭火系统保持良好的状态，在发生火灾时能够迅速、有效地投入使用，必须根据规定的使用要求进行常规检查和定期检查、保养。

1. 常规检查

公司必须配有经过专门培训的专职或兼职人员负责对灭火系统进行常规检查。常规检查每周进行一次。

（1）检查储气瓶组室内清洁卫生状况，是否有潮湿或阳光直射的现象。冬季和夏季应检查室内温度是否符合规定。

（2）检查启动瓶上的压力表指针是否处于正常位置。发现异常应按下列方法检查：如启动瓶内储氮气，每年内部压力降低值不得大于其 200℃时额定充装压力的 10%；若启动瓶内储二氧化碳，每年泄漏量不得大于其额定充装量的 5%。

（3）检查管道系统有无松脱、损坏和严重腐蚀。

（4）检查阀门和检测控制器等零部件是否完好无损，全部旋钮、开关是否调定到正常位置。

（5）检查电源指示灯是否常亮，备用电源是否可靠。

（6）检查保护区，特别是火灾探测器和喷嘴的清洁卫生状况，喷嘴是否畅通。如装有罩膜的，其罩膜是否完好。

2．定期检查保养

公司与制造单位或施工安装单位应签订定期维修合同。灭火系统应每年至少检修一次，自动检测报警系统每半年至少检查一次。

四、室内消火栓系统定期检查

如图 4-27 所示为室内消火栓给水系统的结构图。

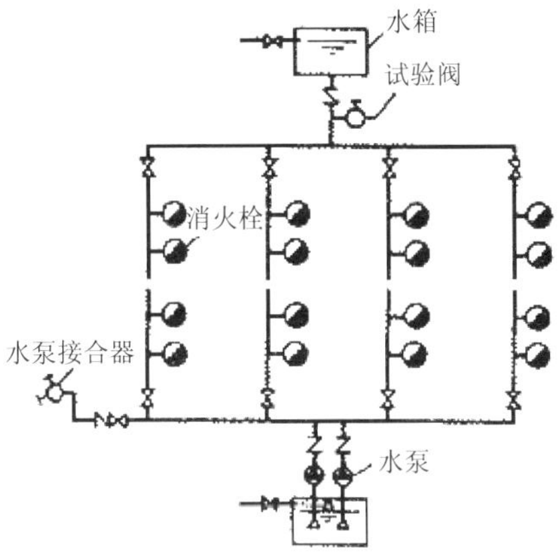

图 4-27　室内消火栓给水系统

室内消火栓箱应经常保持清洁、干燥，防止锈蚀、碰伤和其他损坏。每半年至少进行一次全面检查维修。具体检查要求有以下几个方面。

（1）消火栓和消防卷盘供水闸阀不应有渗漏现象。

（2）消防水枪、水带、消防卷盘及全部附件应齐全良好，卷盘转动灵活。

（3）报警按钮、指示灯及控制线路功能正常，无故障。

（4）消火栓箱及箱内装配的消防部件的外观无破损、涂层无脱落，箱门玻璃完好无缺。

（5）消火栓、供水阀门及消防卷盘等所有转动部位应定期加注润滑油。

五、消防安全疏散设施的定期检查

消防安全疏散设施包括疏散通道、安全出口、疏散楼梯、防火门、防火卷帘门、疏散指示、应急照明灯具等设施。应按照有关规范配备相应数量的消防安全疏散设施，并建档管理。

（1）每日对安全疏散设施进行巡查，发现有以下问题之一的，应立即整改。

① 占用疏散通道。

② 堵塞安全出口。

③ 锁闭疏散门。

④ 在疏散楼梯上堆放物品。

⑤ 破坏、覆盖、挪用疏散指示标志、应急照明灯具。

（2）每月对疏散指示和应急照明灯具的性能进行检测，发现故障及时更换或维修。

（3）每月对防火卷帘门和防火门的开启情况进行检查，发现开启不灵活、闭门器损坏等故障及时维修。

（4）每月进行一次电源切换试验，以检测疏散指示和应急照明的完好，并根据实际情况进行调整。

六、灭火器材的定期检查

每日应对灭火器进行检查，确保其始终处于完好状态。

1. 外观检查

（1）检查灭火器铅封是否完好。灭火器已经开启后即使灭火剂喷出不多，也必须按规定要求再充装，充装后应作密封试验并牢固铅封。

（2）检查压力表指针是否在绿色区域，如指针在红色区域，应查明原因，检修后重新灌装。

（3）检查可见部位防腐层的完好程度，轻度脱落的应及时补好，明显腐蚀的应送消防专业维修部门进行耐压试验，合格者再进行防腐处理。

（4）检查灭火器可见零件是否完整，有无变形、松动、锈蚀（如压杆）和损坏，装配是否合理。

（5）检查喷嘴是否通畅，如堵塞应及时疏通。

2. 定期检查

（1）每半年应对灭火器的重量和压力进行一次彻底检查，并应及时充装。

（2）对干粉灭火器每年检查一次出粉管、进气管、喷管、喷嘴和喷枪等部分有无干粉堵塞，出粉管防潮堵、膜是否破裂。筒体内干粉是否结块。

（3）灭火器应进行水压试验，一般五年一次。化学泡沫灭火器充装灭火剂两年后，每年一次。加压试验合格方可继续使用，并标注检查日期。

（4）检查灭火器放置环境及放置位置是否符合设计要求，灭火器保护措施是否正常。

任务五　城市轨道交通地下车站火灾自救与逃生技巧

想一想：当车站发生火灾时，如何引导乘客疏散并引导乘客实施自救呢？

地下车站由于都是通过挖掘的方法获得的建筑空间，隧道外围是土壤和岩石，只有内部空间而没有外部空间且仅有与地面连接的通道作为出/入口，不像地面建筑有门、窗，可与大气连通。因此，发生火灾时救援困难。当站厅或站台发生火灾时，站厅和站台的工作人员应该以保护乘客生命安全为第一要务，疏散乘客并根据火灾现场情况运用消防设备控制火势。在疏散乘客时，要注意根据火势用广播提示引导乘客，避免造成乘客慌乱，发生拥挤和踩踏现象。

如图 4-28 所示为当地铁车站或车辆发生火灾时，实施自救的一般常识性知识。

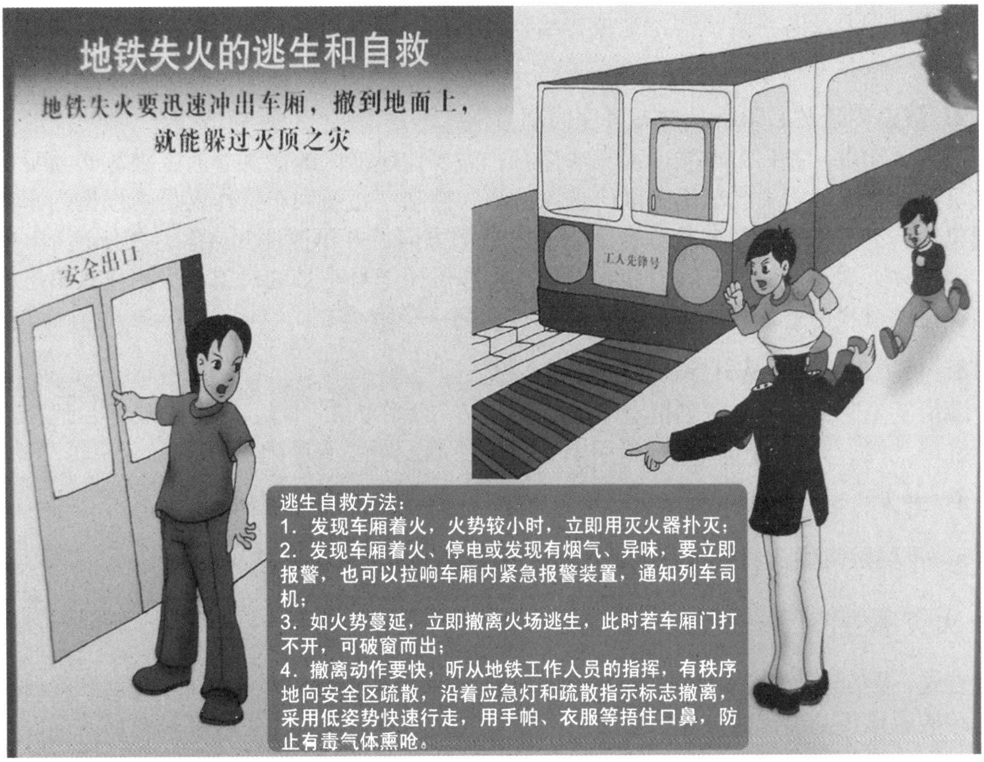

图 4-28　地铁失火逃生和自救小知识

应急小贴士

当发生火灾时，一定要保持沉着冷静！

【理论模块】

一、地铁火灾特殊性

与地面建筑相比，城市轨道交通系统地下车站发生火灾时的特点主要表现在以下几个方面：排烟散热差；火情探测和扑救困难；人员疏散困难。

地下隧道完全靠人工照明，致使正常电源照明就比地面建筑自然采光差，加之火灾时正常电源被切断，人的视觉完全靠事故照明和疏散标志指示灯保证。火灾时产生大量浓烟，使人员疏散极为困难。当地下车站发生火灾时，人只有往上逃到地面上才算是安全的，人员的逃生方向与烟气的自然扩散方向一致，但烟的扩散速度一般比人的行动快，所以地铁发生火灾时人员疏散很困难。

二、发生火灾逃生时遵循的原则

1. 行驶中遇险切勿砸玻璃窗跳车

在处理突发事件时，司机会根据实际情况，尽可能将列车开到前方车站处理，通常只需 1 分半钟就能到达下一个车站，而火灾逃生有 3～5 min 的黄金时间。

遇险时需要及时将险情清楚地报告给列车司机，列车运行期间，乘客千万不要做出拉门、砸窗、跳车等危险行为。

2. 隧道内疏散必须听从指挥有序撤离

遇紧急情况，如列车在隧道内无法运行，需要在隧道内疏散乘客时，乘客必须听从工作人员引导，通过车头或车尾疏散门进入隧道，控制中心及列车工作人员会根据列车所在区间位置、火灾位置、风向等综合因素确定疏散方向，并迅速通知乘客，组织疏散。

因为火灾烟雾毒性大，容易使人窒息，乘客可用随身携带的口罩、手帕或衣角捂住口鼻。在疏散过程中要注意脚下异物，严禁进入另一条隧道。

3. 留意广播、听从引导、不要慌乱

险情发生时，乘客要时刻留意车上广播和站台工作人员引导，千万不要盲目地相互拥挤、乱冲乱撞，要在工作人员的指引下，沉着冷静、紧张有序地撤离。

4. 老人、妇女、孩子撤离时尽量“溜边”，防止摔倒后被踩踏

5. 不要因为顾及贵重物品，而浪费宝贵的逃生时间

三、火灾逃生技巧

首先，要有逃生的意识。乘客进入地铁后，一定要对其内部设施和结构布局进行观察，熟记疏散通道安全出口的位置。车厢两头和车门处是撞车事故发生时容易受损的部位。乘地铁时应尽量靠近车厢中部；地铁两边车门因停站需要经常变换开启方向，故不能倚靠在车门上，以免发生意外。

其次，灭火与逃生相结合。发现火情后，应首先报警，然后寻找附近的灭火器材进行灭火，力求把初期火灾控制在最小范围内，并采取一切可能的措施将其扑灭。如行进的车厢内着火，应一边组织灭火，一边将老、弱、病、妇、幼等社会弱势群体先行疏散至别的车厢。如初期火灾扑救失败，应及时关闭车门，防止火势蔓延，赢得逃生时间。地铁工作人员一旦接到火灾报警，要立即展开应急措施，开启应急照明和排烟设备，迅速排出地下室内烟雾，以降低火场温度和提高火场能见度。

【实操模块】

[实训任务]

制定地铁车辆和车站发生火灾的应急处理预案。

[实训目的]

掌握地铁车辆和车站发生火灾时的紧急处理方法。

[实训要求]

（1）了解地铁车辆和车站发生火灾的危险性。

（2）制定一套合理的应急处理预案。

[实训环境]

地铁地下车站现场。

[实训指导]

一、地铁车辆着火的处理方案

由于地铁车辆车厢是封闭空间，人员众多且疏散较为困难，车厢中发生火灾时，最好能进行早期扑救。地铁车厢中，通常设有紧急报警装置和灭火器，火灾初期这些设备将起到重要作用。

当地铁车辆发生火灾时，可按以下三个步骤进行自救。

1．按下车内报警按钮报告火情

当乘客发现车厢起火时，应立刻按动车厢内的“紧急报警按钮”装置，如图 4-29 所示，及时报告。通常紧急报警装置位于车厢上方或右侧，按下“通话按钮”后向列车司机报告，请记住告诉司机起火位置（车厢内还是车厢外；列车中部、尾部还是前部）及火势大小。周边人可同时拨打 119 火警电话进行报警。

图 4-29 地铁车厢内的紧急报警装置

2．利用车厢内的灭火器进行灭火自救

当火势不大时，应先利用车厢内的灭火装置进行及时灭火，争取把火灾消灭在萌芽状态。

车厢内的灭火器通常放置在车厢中部座位下，及车厢连接处，有明显的消防标志。小型灭火器的使用方法较为简单，只需要四个步骤，如图 4-30 所示。

图 4-30 地铁车厢内的灭火器

（1）打开座椅下的金属盖板或车厢端部的灭火器柜柜门，打开灭火器固定扣，取出灭火器。

（2）除掉铅封。

（3）拔掉保险销。

（4）站在距离火焰 2m 处，喷管对准火焰根部，或冒烟部位，压下灭火器手把。

3．及时撤离火灾现场

如果火势蔓延无法扑灭，乘客应先行疏散到安全车厢；如果列车无法运行，需要在隧道内疏散乘客，此时乘客必须在工作人员引导下，有序通过车头或车尾疏散门进入隧道。按照地铁工作人员指导的方向从隧道逃生，逃生时注意不要触及隧道壁电线，以免触电，如图 4-31 所示。疏散至站台时打开屏蔽门，从站台逃生，屏蔽门内侧通常设有紧急解锁按钮，扳动中部按钮即可打开。

图 4-31　通过车头或车尾的疏散门进入隧道

二、站台着火的处理预案

当发现地铁车站站台发生较大火灾时，可按以下两步进行自救。

1．按动“火警报警器”进行报警

一般在地下车站的站台墙上都设有“火警手动报警器”，如图 4-32 所示，当发现起火时，在报警器附近的人员首先应立刻击碎玻璃，按下按钮进行报警，或利用火警电话插孔直接向地铁车站工作人员报告。

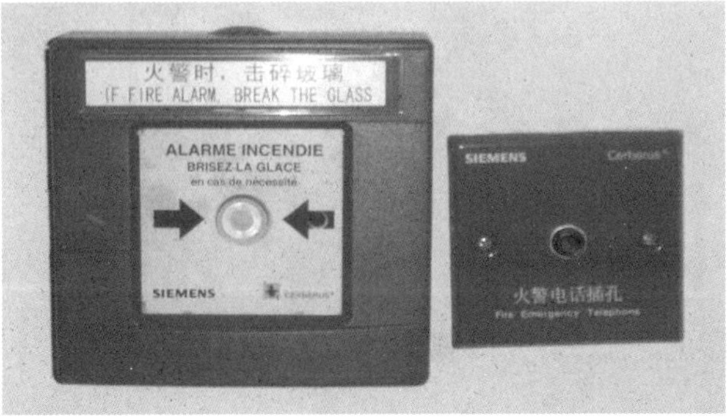

图 4-32　站台火灾手动报警器

2. 捂住口鼻贴近地面迅速逃离现场

在有浓烟的情况下，捂住口鼻贴近地面逃离，浓烟下采用低姿势撤离，如图 4-33 所示。如果烟味太呛，可用矿泉水、饮料等润湿布块，贴近地面逃离，但不要匍匐前进。视线不清时，可用衣物包裹手掌，用手扶墙壁撤离。身上着火千万不要奔跑，可就地打滚或用厚重的衣物压灭火苗。

图 4-33　捂住口鼻贴近地面逃离

还有几点需要提醒注意。

（1）逃生时要朝明亮处疏散，迎着新鲜空气跑。

（2）发生火灾时，不可乘坐车站的电梯或自动扶梯，以免突然断电发生危险。

（3）借助指示灯先确定正确的逃生方向。

地铁一旦发生火灾，产生浓烈烟雾，地铁站里漆黑一片，这时有两种灯会给你指引逃生方向：一种是位于上方的安全出口指示灯，如图 4-34 所示，它所指示的方向就是地铁出口处，二种是位于下方的应急指示灯，它的箭头也会给你指明地铁出口的正确方向。

图 4-34　安全出口指示灯

思考与练习

1. 请简述防灾报警系统功能。
2. 请简述 FAS 系统的车站级设备有哪些。
3. 请简述火灾探测器有的主要类型及各自的工作原理。
4. 请简述手提式干粉灭火器的使用范围和使用方法。
5. 请简述列车发生火灾时的自救方法。

项目五 环控系统

地铁地下线路是一座狭长的地下建筑，除了各站出/入口和通风道口与大气沟通外，可以认为地铁基本上是与大气隔绝的。由于列车运行、设备运转和乘客等都会散发出大量的热量，若不及时排出地铁，内部的空气温度就会升高。同时，由于地铁周围土壤通过地铁围护结构的渗湿量也较大，若不加以排出，地铁内部的空气湿度会增大，使得乘客无法忍受。而且，巨大的客流集中在地铁内部，还必须补充足够的新鲜空气，以保证地铁内部的空气环境符合相关规范的要求。因此，必须通过一套专用的设备，对地铁内部的温度、湿度、气流速度和空气质量等空气环境因素进行控制，为乘客和工作人员创造一个心理和生理上都能够满意的舒适环境，并满足地铁设备正常运转的要求。

环控系统是一套可以对环境进行空气处理的系统，其作用是调节指定区域内的空气温度、湿度，并控制二氧化碳、粉尘等有害物质的浓度，对包括车站站厅、站台、隧道、设备及管理用房等地方的环境起控制调节作用。

环控系统是地铁系统中一个不可或缺的重要系统。它的完善程度，不仅直接关系到整个地铁内部空气环境能否满足人员的生理、心理条件要求和设备正常运转的需要，也关系到险情（列车阻塞、火灾等）发生时整个地铁系统的防灾、救灾工作。

环控系统的具体功能如下所述。

（1）列车正常运行时，保证地铁内部空气环境在规定的标准范围内，为乘客提供一个往返于地面、车站和列车之间的“过渡性”舒适环境，为管理人员提供较适宜的工作环境等。

（2）根据地铁系统内各种设备的工艺要求，提供空调或通风换气，以保证工艺设备良好运行时所需的工作环境要求。

（3）列车阻塞在区间隧道时，对阻塞隧道进行机械通风，为列车空调系统提供运行所需的空气冷却能力和新风量，在阻塞期间维持列车内部乘客能接受的环境条件，或向疏散的乘客提供足够的新鲜空气，使乘客能迎着新风方向疏散。

（4）列车在地铁内发生火灾时，根据火灾发生的部位和具体位置，对事发点采取有效的通风、排烟措施，以利于乘客安全撤离火场及消防人员进行灭火工作。

地铁车站环控系统分为环控风系统和环控水系统，按所管辖区域可划分为以下 4 个子系统（其中前 3 个为风系统）。

（1）公共区通风空调兼排烟系统（简称系统 A）。

（2）设备管理用房通风空调兼排烟系统（简称系统 B）。

（3）隧道通风兼排烟系统（简称系统 C）。

（4）空调制冷循环水系统（简称系统D）。

环控系统的运行模式包括正常运行模式、列车阻塞模式和事故运行模式。正常运行模式是一种占主导地位的运行方式；列车阻塞模式是指列车在区间发生阻塞时，通风维持列车空调装置连续运转的模式；事故运行模式是指发生火灾时，开启通风设施，为乘客提供安全通道的模式。

学习目标

（1）车站通风系统的通风方式、系统组成及各组成部分的具体工作情况；

（2）熟悉车站空调系统的分类及系统的组成；

（3）熟悉典型空调系统的结构组成及工作原理；

（4）掌握空调系统的工况调节和节能途径；

（5）了解车站空调系统的发展趋势；

（6）了解车站环控系统的运行管理组织架构及工作内容。

学习任务

任务一：车站及隧道通风兼排烟系统认知

任务二：车站空调系统认知

任务三：空调制冷循环水系统认知

任务四：车站环控系统的控制及运行管理

教学建议

可在具有空调系统设备模型或理实一体化教室开展理实一体化教学；或在具有空调仿真系统的实训室进行仿真教学；或先进行理论教学，再到地铁车站进行现场教学。

任务一　车站及隧道通风兼排烟系统认知

城市轨道交通通风兼排烟系统主要设置于区间隧道和地下车站，其基本任务是向区间隧道和车站各工作地点供给足量的新鲜空气，稀释和排除有害物质，调节车站内部的气象条件，创造舒适的乘降环境。

【理论模块】

一、车站通风兼排烟系统

1．车站通风系统的设计原则

（1）日常运营给乘客和设备提供舒适及适宜的环境。

（2）事故及灾害情况下进行通风、排烟、排毒、排热，起到生命保障及辅助灭火的作用。

（3）提高系统的实用性、可控性及可靠性。

（4）减少环控系统的数量，降低系统复杂程度，减少环控系统控制模式，从而减少火灾等紧急情况下的反应时间，确保乘客的安全。

（5）降低人员操作难度和培训难度，提高系统设备的可维护性，降低运营管理成本。

（6）系统设计、设备选型和实际安装结果应达到设计的总体要求，并具有对是否达到设计的总体要求进行考核的能力及系统必须的基本参数调试检测能力。

2. 车站通风系统具体的方案设计

（1）通风系统常见的通风方式有自然送排风、机械送排风、机械送风自然排风 3 种方式。其中机械送排风一般用于对通风要求较高的地下设施，地下车站是人员密集的地方，一般应采用机械送排风的通风方式。

（2）通过功能的协调与兼顾，对每个设备的功能进行扩展和限定，找出最优的方案。如隧道风机在正常情况下是用于隧道的送排风，在突发事件情况下可以当作站台的排风机。再如在不增加大型设备的情况下，通过增加少量风阀，赋予风机新的功能，从而降低风机改变工况时的启停次数等。这样就可以使各系统设备的数量减少，容量减小，充分发挥各系统设备的作用。

（3）用于突发事件的设备，最好能“平战”结合，这样可以通过日常的使用，检查设备的完好情况，及时发现问题，便于及时修复；一旦发生突发事件，能确保设备投入使用。最好是采用主-备机的形式，平常可以是一主一备交替运行，一旦发生突发事件，主—备两台设备都投入使用，增强适应事件的能力。

（4）设计上应实现各种工况下的参数平衡和控制；减少系统实际调试匹配平衡带来的困难；给仪器仪表选型和调节阀计算提供依据。设计应考虑增设一些必要的参数检测和控制，以方便环控工艺系统调试和参数匹配平衡，并对系统是否达到设计要求进行考核。

（5）设计时地面新风口与排风口应拉开距离，排风口与乘客进出口、通道口也应拉开距离，相距太近，排出去的风又被抽回来，使得站内空气难以改善。设计时应尽量减少排风道的长度，风道设计应顺畅，减少急转弯，尽量减少阻损。在风道内一般需要加装消音器以减小通风系统带来的噪声污染。

（6）地下车站所用的风机形式应根据车站环控系统的特性和地下工程的特定条件来决定。一般地下车站环控系统具有通风量大、风压低的特点。同时所用风机长年累月地运转，负荷大。而地下工程的特点决定了地下车站空间小，要求采用结构紧凑、效率高、安装检修方便的风机。有鉴于此，在地下车站中一般采用轴流风机，以满足上述各项要求。

（7）通风系统的风路连接有串联和并联两种方式。为减少通风距离，降低通风阻力，要尽量减少串联风路，广泛利用并联风路，如图 5-1 所示为中间进风两翼排风的方式。

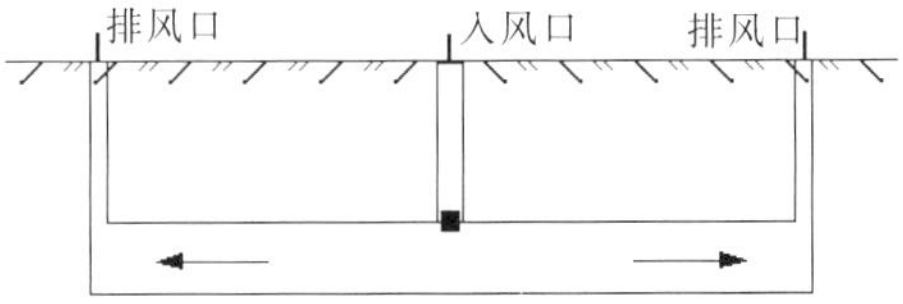

图 5-1 中间进风两翼排风方式示意图

如图 5-2 所示为某地下车站通风系统的设计方案。

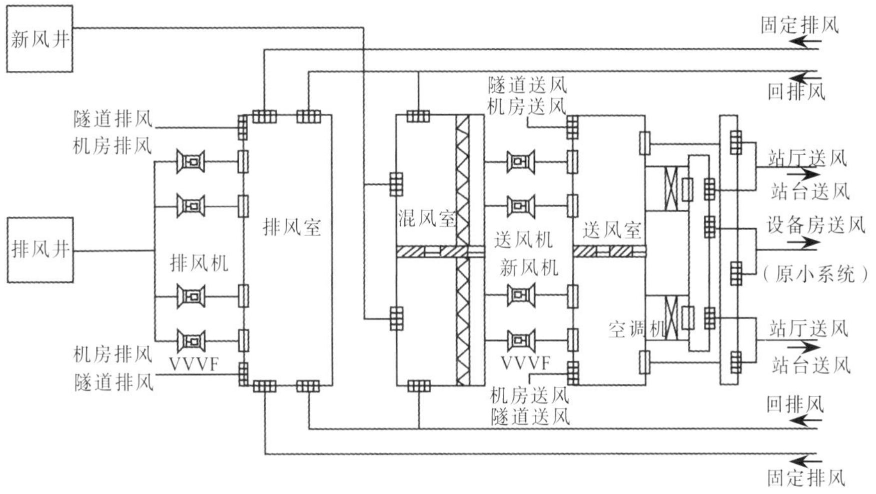

图 5-2　某地下车站通风系统设计方案

二、隧道通风兼排烟系统

隧道通风兼排烟系统由区间隧道通风兼排烟系统和车站隧道通风兼排烟系统两大部分组成。车站隧道通风兼排烟系统主要由轨道排风机、电动风阀和防火阀、风道等设备组成。区间隧道通风兼排烟系统由车站两端端头井内设置的事故/冷却风机与两边隧道相接的活塞风井、隔断风门、旁通风门等组成。区间隧道通风兼排烟系统主要有正常运行、阻塞运行和事故运行三种运行模式。

1. 正常运行模式

当列车正常运行时，利用列车在隧道内高速运动产生的活塞效应从车站一端风井引入新风，经过区间隧道由下一站风井排风。列车停靠车站时列车下部的制动发热量和顶部的空调冷凝发热量由站台排热通风系统进行排放。

2. 阻塞运行模式

堵塞运行模式是当列车因故滞留在区间隧道时，为使列车空调器正常运转，关闭列车后方站事故机房内的旁通风门，事故风机向区间隧道送入新风，前方站事故风机将区间隧道内的空气排至地面。区间内的气流方向应与列车的行进方向保持一致。

3. 事故运行模式

事故运行模式主要是指火灾运行模式。当列车在区间隧道内发生火灾时，隧道通风兼排烟系统进入火灾运行模式。

列车在运行时发生火灾，应尽量驶向前方车站，在前方车站疏散乘客、排烟和灭火。当列车发生火灾且不得不停在区间隧道内时，应根据列车所处区间位置和列车火灾位置，执行预先设计的方案进行紧急通风。

区间隧道内通风系统事故运行模式的设计原则如下所述。

① 一旦出现列车发生火灾且停在区间隧道内时，应立即启动相应的火灾运行模式。

② 隧道通风兼排烟系统按与多数乘客疏散相反方向送风。

③ 列车发生火灾且停在隧道内时的六种情况及隧道通风兼排烟系统气流组织原理图如下：

【情况 1】列车中部着火且停在近前方车站。

列车中部着火时乘客应立即从列车的头部和尾部的逃生门疏散。隧道通风兼排烟系统按与列车运行一致的方向进行通风，列车前方的排烟风机进行排烟，远端的风机进行送风，如图 5-3 所示。

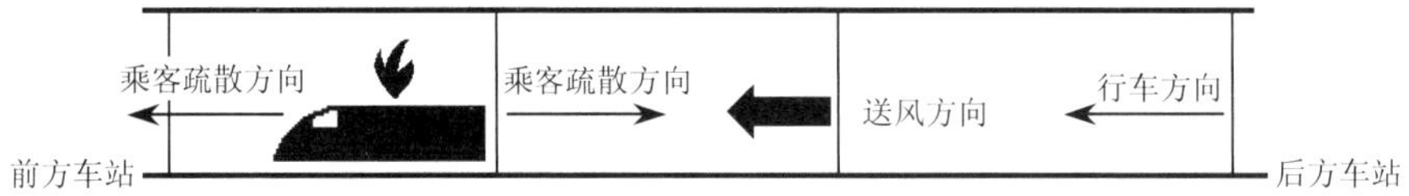

图 5-3　列车中部着火且停在近前方车站的疏散和通风方案

【情况 2】列车中部着火且停在区间中部。

若列车中部着火且停在区间中部时，乘客分别从车头、车尾两方向疏散，隧道通风兼排烟系统按与行车一致的方向送风，如图 5-4 所示。

图 5-4　列车中部着火且停在区间中部的疏散和通风方案

【情况 3】列车中部着火且停在近后方车站。

列车中部着火且停止近后方车站时（刚发车不久便发生火灾而被迫停车的情况），乘客应立即从列车的头部和尾部的逃生门疏散。隧道通风兼排烟系统按与列车运行相反的方向进行通风，列车后方的排烟风机进行排烟，前端的风机进行送风，如图 5-5 所示。

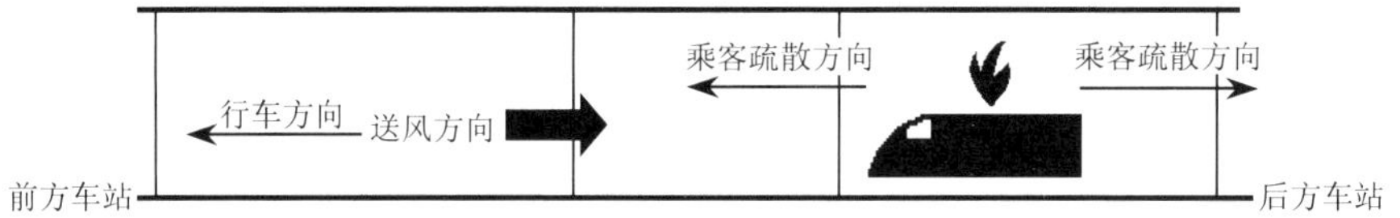

图 5-5　列车中部着火且停在近后方车站的疏散和通风方案

【情况 4】列车头部着火且停在区间中部位置。

当列车头部着火时，乘客应从车尾疏散，隧道通风按与列车运行一致的方向送风，如图 5-6 所示。

图 5-6　列车头部着火且停在区间中部的疏散和通风方案

【情况 5】列车尾部着火且停在区间任意位置。

当列车尾部着火时，乘客应从车头疏散，隧道通风按与列车运行相反的方向送风，如图 5-7 所示。

图 5-7　列车尾部着火且停在区间任意位置的疏散和通风方案

【情况 6】隧道内的一切情况均不清楚时。

当不清楚列车着火的位置及列车停靠位置时，只能按与列车运行一致的方向进行送风。

当火灾发生时，如果是火灾列车滞留在区间隧道内时，事故区间两端车站邻近事发点的系统 C（隧道通风兼排烟系统）就将转入火灾运行模式，同时系统 A 和 D（车站公共区间空调系统及空调水系统）均应停止运行。而当列车因故障（非火灾原因）或前方车站未发车而必须停在区间超过 4min 时，阻塞区间两端车站邻近事发点的系统 C 就将转入阻塞运行模式。此种工况下就会导致这两个车站中邻近事发点的半个车站的通风空调系统 A 停止运行，但不会对整个地铁系统造成很大的不利影响。

注意：系统 A 与 C 合用的设备（包括风机、风阀等）需在短时间内根据不同的运行模式进行相互转换，实施起来有一定的难度。尤其是电动风阀，其电动执行器须选用工业专用类执行机构，才能长期保证其正常转换运行的可靠性。

【拓展模块】

空气的温度、湿度和舒适度

一、空气的温度

轨道交通系统车站一般均设在离地表不深的地带（离开地表面 7～10m），所以车站内的空气温度受地面气温的影响较大。如在北京地铁，由于其建筑年代较早，车站内没有空调系统，故车站内空气温度基本上和地面温度的变化同步。另外，地下车站内的空气温度还受到以下因素的影响。

1．空气受到压缩或膨胀的影响

一般每垂直高度上下 100m，气温变化值在 1℃左右，但这一因素对地下车站来说影响不大。

2．地下岩石温度的影响

一般在 0～15m 深度内为地层温度变化带，夏天岩石由空气吸热而增温，冬天岩石向空气放热而降低岩石本身温度。根据地表构造，可把地下岩石温度的变化分成三带，即温度变化带（地深 0～15m）、增温带（地深 20～30m）和高温带（地深>30m）。

3. 地下水温度的影响

由于地下车站的相对封闭性，故这一变化可忽略不计。

4. 地下机电设备发热的影响

大量的车站工作设备，尤其是动力设备、照明设备将产生大量热量，从而使车站内空气升温。

二、空气的湿度

空气的湿度取决于空气中所含的水分。地下车站中的空气与地面空气一样，都是由空气和水蒸气混合而成的湿空气。在单位体积或重量的空气中含有的水蒸气量即为空气的湿度，一般可采用绝对湿度、含湿量（比温度）和相对湿度来表示。

绝对湿度是指 $1m^3$ 或 1kg 湿空气中所含水蒸气量。当湿空气中水蒸气含量达到该温度下所容纳的最大值时的空气状态，则为饱和状态。

含湿量是指 1kg 干空气相应含有的水蒸气量。

相对湿度是指 $1m^3$ 湿空气中所含水蒸气的重量与同一温度下 $1m^3$ 饱和空气中所含水蒸气重量之比的百分数。

影响地下车站空气中湿度变化有许多因素，如季节、气温、雨季、地下含水层和地下水位等。

三、舒适度

地下车站的空气舒适度主要是指地下车站的气象条件是否使车站工作人员和大量乘降旅客感到舒适。它取决于车站内空气的温度、湿度和流速及它们之间的综合作用关系。一般在相同气温下，湿度大的空气要比湿度小的空气使人感到闷热；在相同温度与湿度条件下，有风要比无风感到凉爽。所以，舒适度是空气温度、湿度和风速三者综合作用的结果，是人体感应周围空气环境的舒适指标。

任务二　车站空调系统认知

为保证地下车站内部有一个相对舒适的大气环境，除了配备必要的通风设备以外，还必须通过强制手段使车站内部的大气物理条件保持在一个适宜的状态。这种强制性手段就是我们通常所说的空气调节，它是在任何自然环境下将室内空气维持在一定的温度、湿度、流速及清洁度。

地铁车站一般具有独立的空调系统，包括空调机组、各类风机，以及为空调机组提供冷冻水的空调水系统等设备。车站通风空调系统的气流组织均为沿长度方向均匀送风，两侧由上向下送风，中间上部回风。

【理论模块】

空气调节系统由被调对象、空气处理设备、空气输送设备和空气分配设备等所组成，其任务是对空气进行预先设置的处理，使其能满足人们的要求，包括空气的温湿度、清洁度等，然后将其输送到地下车站的各个空间，使空间内的温湿度、清洁度稳定在一定范围内，满足乘客在车站内乘降时对环境舒适度的要求。

一、空调系统分类

1. 按照空气处理设备的设置分类

（1）集中式空调系统，又称中央空调。它是将所有空气处理设备及通风机、水泵等功能设备都设置在一个集中的空调机房内，经处理后的空气，经风道输送到各空调房间或空间。

集中式空调系统按照处理的空气来源又分为封闭式空调系统、直流式空调系统和新回风混合式空调系统。

（2）半集中式空调系统。它除了设有集中在空调机房内的空气处理设备用来处理部分空气之外，还有分散在被调房间内的空气处理设备，以便对部分房间或空间的空气进行就地处理或对来自集中处理设备的空气再进行补充处理，以满足不同房间对送风状态的不同要求。

（3）分散式空调系统。它是将空气处理设备全部分散在被调房间或空间，空调机组把空气处理设备、风机、冷热源、以及控制装置都集中在一个箱体内，形成一个紧凑的空调系统。

2. 按照负担室内热湿负荷所用的介质分类

（1）全空气式空调系统，即对空调房间内的室内空气调节全部由经过处理的空气来负担，此时需要用较多的空气量才能达到消除余热、余湿的目的，要求有较大的风道断面或较高的风速。

（2）全水式空调系统，即空调房间内的热湿负荷调节全靠水作为冷热介质来负担，可用少量的水来消除余热、余湿，但不能解决通风换气问题。

（3）制冷剂直接蒸发式空调系统，即通过制冷剂的直接蒸发来负担空调房间内的负荷调节，并且，由于制冷剂的双向工况运行特性，使其具有制冷和取暖的双向功能。

3. 其他分类方式

按风道中空气流速分类有高速空调系统和低速空调系统；按照空调系统的风量固定与否，有定风量空调系统和变风量空调系统等。

二、空调系统的组成

地铁车站通风空调系统主要由通风兼排烟系统、公共区空调系统（大系统）、设备及管理用房空调系统（小系统）、空调水系统等组成。

1. 通风兼排烟系统

保证车站范围内空气的流通，兼具排烟功能。

2. 公共区空调系统（大系统）

保证车站公共区的空气环境能够满足人员的舒适性要求。

3. 设备及管理用房通风空调系统（小系统）

保证设备操作人员的空气环境舒适性要求和设备正常运转所需的空气环境条件。

4. 空调水系统

为空调系统提供空调用冷冻水，满足冷却空气的需要。

以上四个部分之间既相互独立，又在相关运营工况下相互协调运行，完成对城市轨道交通车站的整体空气调节的功能。

三、典型空调系统介绍

1. 普通集中式空调系统

普通集中式空调系统是一种低速、单风道集中式空调系统。下面以直流式空调系统为例进行介绍，如图 5-8 所示。

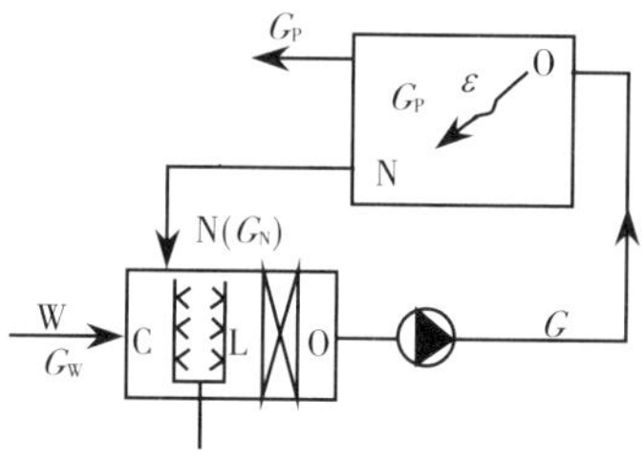

图 5-8 直流式空调系统夏季工作示意图

在夏季，该系统的空气处理任务就是将室外空气由状态 W 处理到规定的送风状态 O，然后送入室内，以改变或达到室内要求的空气状态 N，保证室内温度的要求。为此，系统采用的处理方法：室外新风由状态 W，经喷水室进行冷却减湿处理，达到机器露点状态，然后经过加热器加热到 O 点，送入室内，既能保持送风温差，又能消除室内的余热、余湿，使室内空气维持状态 N。同理，在冬季将室外的空气加热、加湿后送到室内，提高室内空气的温度和湿度。

2. 半集中式空调系统

以半集中式空调系统中的风机盘管系统为例。如图 5-9 所示为风机盘管机组的构造图，它由盘管热交换器和风机组成，它使室内回风直接进入机组进行冷却去湿或加热处理。风机盘管系统的新风供给方式主要有：

（1）借助室外空气的渗入和室内机械排风以补给新风；

（2）墙洞引入新风直接进入机组；

（3）由独立的新风系统供给新风。

在风机盘管系统中，随着季节变化，盘管可能需要供冷水或热水，需要为其提供冷源或热源。对于具有供、回水管各一根的风机盘管水系统，采用夏季供冷水，冬季供热水的方法提供所需的冷热源。

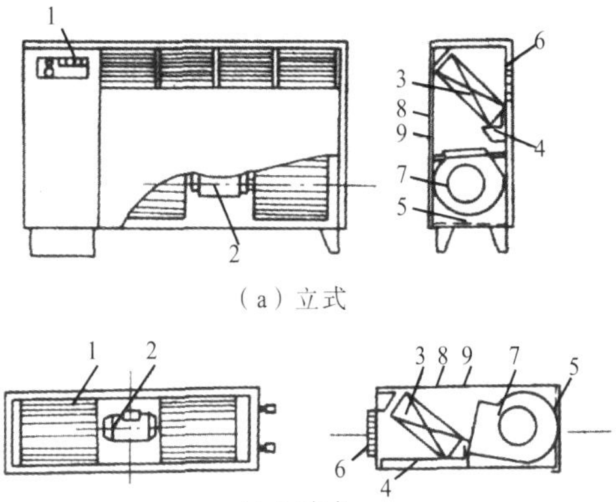

（a）立式

（b）卧式

1—风机；2—电动机；3—盘管；4—凝水盘；5—循环风进口及过滤器；

6—出风格栅；7—控制器；8—吸声材料；9—箱体

图 5-9　风机盘管机组构造

3．分散式空调系统

分散式空调系统是一种采用制冷剂直接蒸发的小型空调系统，将空气处理设备各部件与通风机、制冷机组组合成一个整体，结构紧凑、安装方便、使用灵活。按目前常用的分散式空调系统结构形式分为整体式和分体式。前者是将空气处理部分、制冷部分和电控系统的控制部分等安装在一个机体中形成一个整体；而后者是将蒸发器和室内风机作为室内侧机组，把制冷系统的除蒸发器以外的部分移于室外。

分散式空调系统按冷凝器的冷却方式分为水冷式和风冷式；按使用功能分为单冷型和冷热两用型；按装置位置分为窗式、壁挂式和立柜式等。如图 5-10 所示为分散式空调系统的构成示意图。

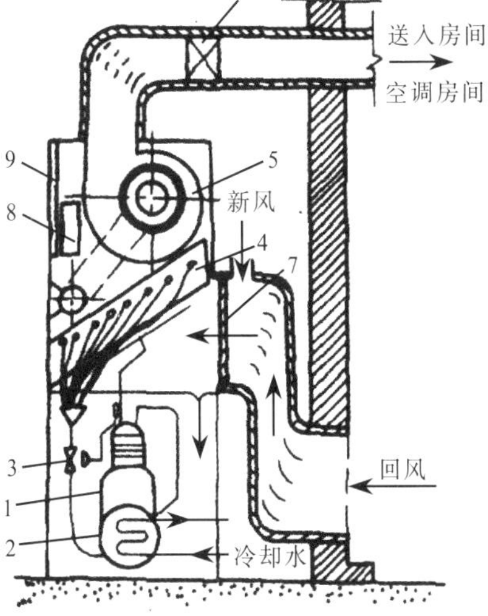

1—制冷机；2—冷凝器；3—膨胀阀；4—蒸发管；5—通风机；6—电加热器；7—空气过滤器；8—电加热器；9—自动控制屏

图 5-10　分散式空调系统构成示意图

利用制冷剂直接蒸发制冷的基本原理如图 5-11 所示。它是利用有挥发性的制冷剂（目前使用最多的为氟利昂 12，即二氯二氟甲烷 CF_2Cl_2），在低温下由液态挥发成气体（经蒸发器），再由气体经冷凝器冷凝为液体的循环变化来实现制冷功能。当液体蒸发成气体时，吸收其周围热量，使其温度降低，然后对已吸收热量的气体则采用强制冷却的方法除去它的热量，一般有水冷和风冷两种。冷风机，又称制冷空调机，一般采用压缩制冷的方法，蒸发器使液体制冷剂吸热汽化后，经压缩机压缩，使其压力升高后，再经冷凝器使高压制冷剂蒸汽冷凝为高压液体。高压液体流经节流阀，使高压制冷剂液体变为低压低温液体混合物，再不断供向蒸发器，经过重复吸热汽化、压缩冷凝的过程而达到制冷的目的。

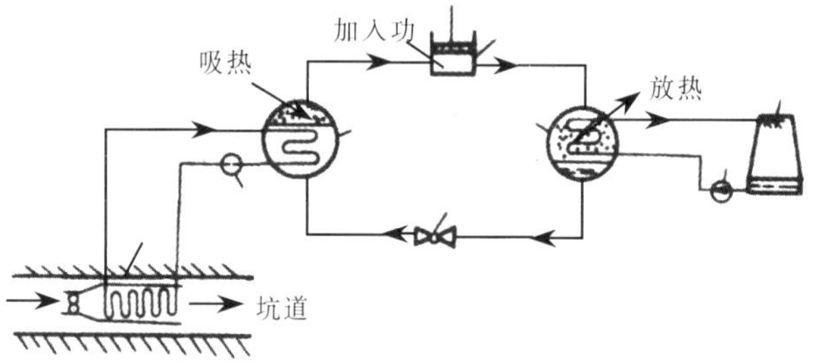

图 5-11　制冷机工作原理简图

四、空调系统的工况调节

空调系统的运行工况调节是指空调系统在工作过程中既要满足人们对环境、大气物理条件调节的要求，又要能使空调系统处于相对经济的运行状态中，从而要求空调系统能够根据室内外大气物理条件的变化情况（如室外的冬、夏季，室内的热量变化等）调整自己的运行工况（如强冷、弱冷和通风等不同运行工况等）。一般经济合理的工况调节遵循以下几个原则。

（1）通过调节，使室内的温度保持在允许的范围内。

（2）在冬季和夏季，为减少热量和冷量的消耗，在满足卫生要求的前提下，尽量利用室内循环空气。

（3）在过渡季节，尽量利用室外空气的自然调节能力，而对于地下车站，则可充分利用列车活塞风的效应。

（4）尽可能缩短冷冻机的工作时间。

车站通风空调系统有空调运行、全新风运行和事故运行三种运行模式。

① 空调运行模式是在夏季。当站台和站厅的温、湿度值大于设定值时，开始启动空调系统，向站台和站厅送冷风。通过送、回风温、湿度变化调节新风与回风的比例及进入空调器的冷水量，保证站台、站厅的温湿度要求。

② 全新风运行主要是在春、秋两季。当室外空气的焓值低于站内空气的焓值时，启动全新风风机，将室外新风送至车站。

③ 事故通风模式是当站台或站厅层发生火灾时，关闭站台层送风系统及站厅层回/排风系统，启动全新风风机向站厅送风，由站台层回/排风系统将烟雾经风井直接排向地面。

任务三 空调制冷循环水系统认知

【理论模块】

空调制冷循环水系统主要是为地铁车站通风空调系统提供冷却水源的系统。按照空调系统冷源设置的集中程度不同，地铁空调制冷循环水系统有分散供冷和集中供冷两种工作方式。

两种不同的供冷方式均有其不同的优缺点，其中分散供冷方式是目前在地铁车站中使用最为广泛、技术最为成熟的供冷方式。然而随着区域供冷空调方式在世界范围内的大力推广，集中供冷的概念也被引入到地铁车站通风空调系统中来。纵观国际和国内的地铁空调系统，目前已经有埃及开罗、中国香港和广州等地铁项目中采用集中供冷方式。

一、分散供冷方式

分散供冷是指每个车站内独立设置冷水机组（有水冷机组和风冷机组），通过冷冻水泵将二次冷源供给车站空调大系统或车站空调小系统，空调末端采用大组合空调柜、小空调柜及风机盘管等设备。冷水机组、水泵和冷却塔均分站设置，独立运行。

集中供冷方式水系统组成及原理如图 5-12 所示。

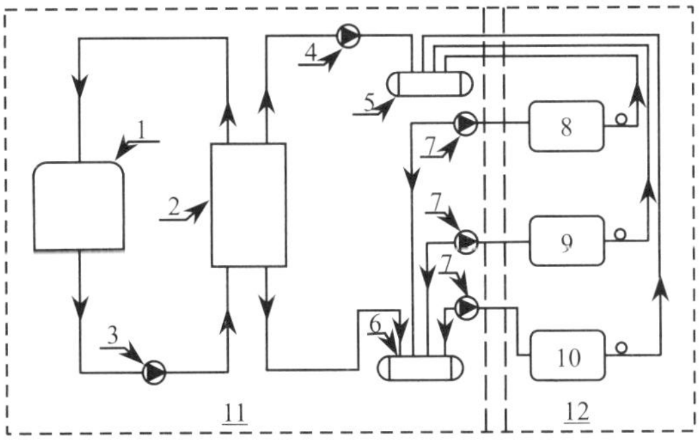

1—冷却塔；2—冷水机组；3—冷却水泵；4—冷水二次泵；5—集水器；

6—分水器；7—冷水二次泵；8—车站 1 末端空调设备；9—车站 2 末端空调设备；

10—车站 3 末端空调设备；11—集中冷冻站级空调水系统；12—车站级空调水系统

图 5-12 集中供冷方式水系统原理示意图

二、集中供冷方式

集中供冷是指集中设置制冷机组、联动设备及其他辅助设备，通过室外管廊、地沟架空、区间隧道敷设冷冻水管，用二次水泵将冷冻水长距离输送到车站空调大系统末端，以满足多个车站所需的冷量。

1．制冷系统环路

制冷系统环路主要由冷水机组、冷冻水一次泵、冷却水系统及其附属设备组成，主要功能是根据空调系统控制的时间表，早晨运营前进行系统预冷和晚间利用余冷提前关机，正常运营时制备空调冷冻水。

正常运营时根据二次环路的实际冷负荷值，同时参考比较环路上设置的温度测点值及监测末端比例积分二通阀的开度确定一次环路中冷水机组的开启台数并进行相应的连锁控制，冷站的冷水机组与一次冷冻水泵联动，由冷水机组的主控制器完成。冷冻水一次泵与冷水机组为一一对应。

2. 冷冻水二次环路

冷冻水二次环路，由二次冷冻泵、变频器、管网等组成，主要实现的功能是通过监视末端的阀门开度，计算末端的负荷量，调节阀门的开度来满足车站实际冷负荷需求，二次泵的变频由末端差压控制。

由于管网长度长，水网稳定性差，造成了冷站与最远端车站之间的车站管压头压力超标，需要平衡阀进行水力平衡和减压。

3. 末端设备

末端设备主要由组合空调器、风机盘管及前后的控制阀门组成。组合空调器（或落地式风机盘管），其过水量是通过出水管上的比例积分二通阀控制。由站台、站厅温度探头检测的温度值通过车站 PLC 控制器进行计算，并将控制信号传给比例积分二通阀控制阀门，控制其开度，同时，车站 PLC 控制器还需将站台、站厅温度及进出水温度参数通过网络传给冷站控制室。

【技术模块】

本模块将主要介绍空调水系统的主要设备及其控制原理。

一、离心式冷水机组

（1）全封闭离心式冷水机组的技术参数参见表 5-1。

表 5-1 全封闭离心式冷水机组技术参数表

机组	机组型号	19XL4343446CQ	19XL4242436CN	19XL4l41425CM	19XL4040425CM
	制冷量（RT）	450	400	350	300
压缩机	压缩机型号	446	436	425	425
	制冷剂 R22 质量/kg	658	635	608	576
	吸入压力下的饱和温度/℃	5.03	5.02	5.04	5.06
	吸入温度/℃	5.16	5.15	5.17	5.24
	排气压力下的饱和温度/℃	39.10	39.12	39.14	39.09
	制冷剂过热温度	N/A	N/A	N/A	N/A
	ARI 标准下的负载范围	（20～100）%	（20～100）%	（20～100）%	（20～100）%
电动机	转速/r·min^{-1}	2950	2950	2950	2950
	最大功率/kW	360	295	267	267
	型号	CQ	CN	CM	CM

续表

电动机	输出功率/kW	320	279	250	223
	功率因数	0.9	0.9	0.9	0.9
	电源	380-3-50	380-3-50	380-3-50	380-3-50
蒸发器	结构	壳管式	壳管式	壳管式	壳管式
	型号	43	42	41	41
	类型	满液式	满液式	满液式	满液式
	制冷剂	R22	R22	R22	R22
	介质	清水	清水	清水	清水
	直径/mm	724	724	724	724
	长度/mm	3658	3658	3658	3658
	厚度/mm	9.52	9.52	9.52	9.52
	最大/最小流量/$L\cdot s^{-1}$	107.3/26.8	95.1/23.8	84/21	74.4/18.6
	蒸发器净容积	N/A	N/A	N/A	N/A
	传热管	TURBOB B-I	TURBOB B-I	TURBOB B-I	TURBOB B-I
	管号	290	257	227	201
	材料	铜	铜	铜	铜
	直径/in	3/4	3/4	3/4	3/4
	厚度/in	0.25	0.25	0.25	0.25
	管束内部压降/kPa	109.2	105.7	102.4	95.6
	水侧工作压力/kPa	1034	1034	1034	1034
	污垢系数/$m^2\cdot K\cdot kW^{-1}$	0.044	0.044	0.044	0.044
	水管直径/in	8	8	8	8
冷凝器	结构	壳管式	壳管式	壳管式	壳管式
	型号尺寸	43	42	41	40
	制冷剂	R22	R22	R22	R22
	载冲剂	清水	清水	清水	清水
	壳体直径/mm	629	629	629	629
	长度/mm	3658	3658	3658	3658
	壳体粒度（/m14）	9.52	9.52	9.52	9.52
	最大/最小水流量（L/s）	111.8/28	111.8/28	111.8/28	111.8/28
	冷凝器净密积	N/A	N/A	N/A	N/A
	传热管	SpIke Fin	SpIke Fin	SpIke Fin	SpIke Fin
	材料	铜	钢	铜	铜
	厚度/in	0.25	0.25	0.25	0.25
	管束内部压阵/kPa	91.6	95.6	92.1	85.5
	水侧压降/kPa	1034	1034	1034	1034
	污垢系数/$m^2\cdot K\cdot kW^{-1}$	0.044	0.044	0.044	0.044
	水管直径/in	8	8	8	8
	管号	282	246	213	285
	润滑油标号	PP2382101	PP2382101	PP2382101	PP2382101

（2）主要技术要求参见表 5-2。

表 5-2　主要技术要求

项　　目	数　　值
制冷剂	R22
蒸发器进/出水温度	12℃/7℃
冷凝器进/出水温度	32℃/37℃
负载范围	20%～100%
电　源	380V±10%　三相　50Hz
启动方式	wye—delta 闭式转换
水　源	城市管网自来水
机房环境条件 温　度	0～45℃
相对湿度	10%～95%
运作形式	a）单机运作； b）双机运作； c）三机运作
组合方式	两台离心机加一台活塞机
机体自身保温	蒸发器，电动机和吸入管道
防锈处理	需要
减震装置	需要

（3）主要安全保护装置及控制功能。

① 主电动机过载。

主电动机电压过高：极限值为供电电压＞110%（60s）。

主电动机电压过低：极限值为供电电压＜90%（60s）或＜85%（3s）或＜50%（1/60s）。

主电动机温度过高：极限值＞104.4℃。

② 循环间歇：

再次开机间隔不小于 15min，停机到下次开机间隔不小于 3min。限制频繁启动或间隔时间太短。

③ 轴承油温过高：极限值＞85℃。

④ 蒸发器制冷剂低温：≥2.2℃。

⑤ 凝器制冷剂高压：工厂或现场设定，一般断开保护极限值为 1793kPa，在 1421kPa 复位。

⑥ 压缩机排气温度过高：极限值＞104.4℃。

⑦ 润滑油低压：极限值＜103kPa。

⑧ 喘振保护：最小负载工况 T=0.8℃，P =517kPa；最大负载工况 T=5.6℃，P=1379kPa。

注：T-蒸发器进出水温差；P-冷凝器与蒸发器压差

⑨ 蒸发器流量保护：不允许通过的水流量＜额定值的 10%。

⑩ 冷凝器流量保护：不允许通过的水流量＜额定值的 5%。

⑪ 启动器故障：启动器动作正常，加速时间一般为 15s，不能太长，转换时间＜1s。

⑫ 冷冻水温度过低：冷冻水温度≥0.8℃。

⑬ 控制方式：设备能够实现全自动控制、就地/远程控制，并可以与机电设备控制系统连接。

二、双螺杆冷水机组

（1）双螺杆冷水机组技术参数参见表 5-3。

表 5-3　双螺杆式冷水机组技术参数表

机组	机组型号	WCFX33C	WCFX22C	WCFX45C	WCFX30-30C
	制冷量（RT）	308	193	430	568
压缩机	压缩机型号	1215,1218	1210,1212	1215,1218	1215
	制冷剂 R22 重量/kg	239	160	343	436
	吸入压力下的饱和温度/℃	5.03	5.02	5.04	5.06
	吸入温度/℃	5.00	5.00	5.00	5.00
	排气压力下的饱和温度℃	38.6	38.6	38.6	38.6
	制冷剂过热温度	N/A	N/A	N/A	N/A
	ARI 标准下的负载范围	（12.5～100）%	（12.5～100）%	（10～100）%	（6.25～100）%
电动机	转速/$r\cdot min^{-1}$	2950	2950	2950	2950
	最大功率/kW	198	127		267
	型号	CQ	CN	CM	CM
	输出功率/kW	203	127	274	369
	功率因数	0.93	0.93	0.93	0.93
	电源	380-3-50	380-3-50	380-3-50	380-3-50
蒸发器	结构	壳管式	壳管式	壳管式	壳管式
	型号	M3	L1	V4	M2
	类型	满液式	满液式	满液式	满液式
	制冷剂	R22	R22	R22	R22
	介质	清水	清水	清水	清水
	长度/mm	3175	3175	3175	5334
	厚度/mm	9.52	9.52	9.52	9.52
	最大/最小流量/$L\cdot s^{-1}$	317/63.5	220/35	309/78	485/99
	蒸发器净容积	N/A	N/A	N/A	N/A
	传热管外径/厚度/根数	19/0.6/199	19/0.6/139	19/0.6/284	19/0.6/222
	管号	290	257	227	201
	材料	无缝铜管	无缝铜管	无缝铜管	无缝铜管
	管束内部压降/kPa	16.2	34.1	16.7	40.8
	水侧工作压力/kPa	1050	1050	1050	1050
	污垢系数/$m^2\cdot {}^0C(kW)^{-1}$	0.086	0.086	0.086	0.086
	水管进出直径/mm	203/203	168/168	254/254	203/203
冷凝器	结构	壳管式	壳管式	壳管式	壳管式
	型号尺寸	L2	L1	T3	M2
	制冷剂	R22	R22	R22	R22

续表

冷凝器	载冷剂	清水	清水	清水	珠江水
	长度/mm	3175	3175	3175	5334
	壳体粒度（m14）	9.52	9.52	9.52	9.52
	最大/最小水流量/L · s^{-1}	484/47	268/42.3	592/149	484/114
	冷凝器净密积	N/A	N/A	N/A	N/A
	材料	无缝铜管	无缝铜管	无缝铜管	无缝钛管
	传热管外径/厚度/根数	19/0.7/245	19/0.7/164	19/0.7/353	19/0.7/387
	管束内部压阵/kPa	91.6	95.6	92.1	85.5
	水侧压降/kPa	1034	1034	1034	1034
	污垢系数/m^2 · K ·（kW^{-1}）	0.086	0.086	0.086	0.086
	进出水管直径/mm	203/203	168/168	203/203	203/203
	润滑油标号/重量/kg	4GS/39.6	4GS/33	4GS/59.4	4GS/79.1

（2）双螺杆式冷水机组控制功能。

集中冷站是由冷站中央监控系统依照前一天运行数据、冷机运行时间，以及冷负荷量的大小决定应当投入或退出冷水机组的台数。

每台机组开启压缩机的数量是由机组计算机控制装置来实现。先开一台压缩机，如果这台压缩机满负荷后出水温度还是高于设定值，系统会自动启动第二台压缩机或第三台压缩机。如果出水温度低于设定值，超过温度下限值时，机组会自动卸载直至自动关闭一台压缩机。当启动的压缩机不能使出水温度降到设定值，会重新启动停止的压缩机，如此反复……

负荷控制：计算机通过给压缩机上的加载/卸载电磁阀传送脉冲信号，把冷冻水温度控制在一个很窄的变化范围内。加载/卸载电磁阀确定压缩机滑阀的位置，从而控制容量的大小（即冷负荷量）。压缩机的加载/卸载依据是电流限制功能优先于温度控制功能。

爬坡控制：通过爬坡控制可以改变机组从启动开始算起的加载时间，实现预定的加载速度，有助于减少能耗及运行费用，参见表 5-4。

表 5-4　不同机型不同设定点的爬坡速度

爬坡速度	单压缩机机组			双压缩机机组			三压缩机机组			四压缩机机组		
设　定　值	起 始 点 值			起 始 点 值			起 给 点 值			起 始 点 值		
	25%	50%	75%	25%	50%	75%	25%	50%	75%	25%	50%	75%
0.1	25	17	8	58	50	42	91	83	75	125	117	108
0.2	13	8	4	29	25	21	46	42	37	63	58	54
0.3	8	6	3	19	17	14	30	28	25	42	39	36
0.4	6	4	2	15	12	10	23	21	19	31	29	27

（3）螺杆式机组的安全保护功能。

① 控制电源掉电。

当计算机出现控制电源故障以后，可通过自动或手动的方法重新启动（此功能由出厂设定），这种情况下，计算机会记录一个掉电报警，当报警复位后计算机才会再重新启动。

② 欠电压保护。

机组出现电压过低，相序不正确、缺相等供电故障时，控制继电器就会掉电，从而切断控制电路。此时计算机会记录一个掉电报警，报警复位后，才能重新启动。

③ 压力过低停机。

该功能防止机组在蒸发器制冷剂压力过低时运行。当蒸发器压力降低至压力设定值以下时，计算机就会让压缩机停机，打开报警信号灯。同时，计算机会记录一个低压报警。出厂冷水机组设定值为 0.4MPa。

④ 压差过低报警。

为保证良好润滑，在冷凝器与蒸发器之间压缩机需要有 207kPa 的压差。当压缩机运行时，若压差小于 207kPa 达 3min，所有的压缩机都会停机。

⑤ 压力过高停机。

这一功能用来保护压缩机，使之不会在制冷剂排气压力过高时运行。当冷凝器压力达到高压设定值时，计算机会使压缩机停机，并打开控制柜上的报警指示灯。计算机会记录一个排气压力过高报警。高压设定值为 1.7MPa。

⑥ 蒸发器结冰机停机。

若冷冻水出水温度降低到结冰设定值以下（水冷为 0℃）时，计算机会让机组停机，并记录一个结冰报警。

⑦ 油浮球开关。

每一台压缩机中都有一个油位开关。若压缩机运行时，油位过低指示持续 60s，计算机会关闭压缩机，同时报警。

⑧ 油温过高控制器。

每一台压缩机中都有一个油温控制器。当油温超过 95℃时，调节器会切断压缩机运行电路。油温指示灯会指示油温过高，计算机记录一次不运行故障。

⑨ 电动机温度保护器。

每一台压缩机的电动机线圈中都埋入了 3 个温度传感器。它们由固态电动机温度保护器来监控。如果任何一个传感器温度超过安全温度，保护器就会切断压缩机运行电路，打开相应的电动机温度过高指示灯。计算机中会记录一个不运行故障。

⑩ 过载保护。

固体过载保护器通过监控三相电流来防止压缩机电流过高。跳闸设定值为工厂设定，一般以不超过额定电流 10%为上限。

⑪ 传感器故障报警。

若计算机判断出一个模拟量值（如温度，压力）与正常运行值相差甚远，就会关闭与之有关的压缩机。计算机会记录一个与该传感器故障相应的报警码。传感器故障指明是模拟量测量系统出现了问题。

⑫ 不停机报警。

如果计算机关闭了一台压缩机，但该压缩机的数字输入仍然有效，就会产生一个不停机报警。计算机就会切断控制电源继电器，使所有压缩机控制电路断开，这时说明有接线或硬件错误。

（4）控制方式。

设备能实现全自动控制、就地/远程控制，并能与机电设备控制系统连接。

三、半封闭式冷水机组

（1）半封闭活塞式冷水机组技术参数参见表 5-5。

表 5-5 半封闭活塞式冷水机组技术参数表

机组	机组型号	30HR140E	30HR120E
	制冷量（RT）	115	96
压缩机	型号	06E6299/F175	06E6299/F175
	每台机组的压缩机数量	4	4
	每台压缩机的汽缸数	6	6
	制冷剂（R22）质量/kg	78	78
	吸入温度/℃	4	4
	负载压力下的饱和温度/℃	42	41
	负载范围%	（19～100）%（8 级）	（17～100）%（8 级）
电动机	转速/r · min^{-1}	1450	1450
	最大功率/kW	130	101
	冷却方式	制冷剂冷却	制冷剂冷却
	输入功率/kW	113	89
	功率因数	0.85	0.85
	保温	Warish	Warish
	电源	400±10%，三相，50Hz	400±10%，三相，50Hz
蒸发器	结构	壳管式	壳管式
	型号	10HA 400—464	10HA400—204
	类型	非满液式	非满液式
	制冷剂	R22	R22
	蒸发器数量	1	1
	直径/mm	406	406
	长度/mm	2743	2108
	厚度/mm	12	12
	正常流量/L · s^{-1}	19.3	16.2
	蒸发器净容积/m^3	0.99	0.153
	传热管	铜管	铜管
	蒸发面积/m^2	34.9	27.1
	材料	铜	铜
	直径/mm	9.5	9.5
	总长/mm	2807	2172
	管束内部压降/kPa	25.1	32.3
	水侧工作压力/kPa	1724	1724
	污垢系数/m^2 · K ·（kW）$^{-1}$	0.044	0.044
	水管直径/mm	152	27

续表

冷凝器	结构	管壳式	管壳式
	类型	水冷式	水冷式
	型号	09RP070	09RP070
	制冷剂	R22	R22
	载冷剂	清水	清水
	冷凝器数量	2	2
	直径/mm	365	365
	长度/mm	2524	2524
	厚度/mm	1.09	1.09
	正常水流量/L·s^{-1}	24.4	24.4
	冷凝器净容积/m^3	0.52	0.43
	传热管	铜管	铜管
	冷凝面积/m^2	39.8	34.1
	材料	钢	钢
	直径/mm	9.5	9.5
	总长	2188	2188
	管束内部压降/kPa	39.7	28.4
	水侧工作压力/kPa	1034	1034
	污垢系数/m^2·K·$(kW)^{-1}$	0.044	0.044
	水管直径/mm	102	76

（2）主要技术要求参见表5-6。

表5-6　主要技术要求

项　　目	数　　值
制冷剂	R22
蒸发器进/出水温度	12℃/7℃
冷凝器/进/出水温度	32℃/37℃
调节级数	8级
负载范围	20%～100%
电　源	380V±10%，三相，50Hz
启动方式	Y-△形
水　源	城市自来水管网
机房环境条件 温　度	0～45℃
相对湿度	10%～95%
运作形式	a）单机运作 b）双机运作 c）三机运作
组合方式	两台离心机加一台活塞机
机体自身保温	蒸发器和吸入管道
防　锈	需要
减振装置	弹簧减振器

（3）主要安全保护装置。

① 制冷剂压力过低：运行时低压部分制冷剂压力<400 kPa。

② 水流量过低：冷冻水不允许通过小于额定值的 10%的水流，冷却水不允许通过小于额定值的 5%的水流，否则无法开机。

③ 冷冻水温度过低：冷冻水出水温度≥1.7℃。

④ 润滑油低压：油压力差≥34.5 ± 6.9kPa。一般油压力差在 150～300 kPa 之间。

⑤ 控制电压过低：控制电压为 220V ± 10%。

⑥ 压缩机温度过高：极限值 104.4℃。

⑦ 压缩机压力过高：极限值 1900kPa。

⑧ 压缩机电动机过载：过载余量为 5%。

⑨ 制冷剂温度过低：极限值 2.2℃。

⑩ 制冷剂压力过高：极限值 1900kPa。

⑪ 循环间歇：接到开机指令后在 1.5～3min 启动第一台压缩机。停机顺序与启动顺序相反。

任务四　车站环控系统的控制及运行管理

【理论模块】

一、车站环控系统的控制

环控系统的控制可分为中央级、车站级和现场级三级控制。

1．中央级控制系统

中央级控制通过设置中央环控控制室内的环控防火计算机控制台对全线系统的环控设备（主要指各站通风机和空调机组）的运行状态进行监控，必要时直接向车站控制室发出控制指令，并可显示主要设备的非常状态，记录设备事故情况，并可遥测各车站内及区间的各点空气物理状态。中央级控制系统由中央实时服务器、中央历史服务器、操作人员工作站和工程师工作站等组成。

2．车站级控制系统

车站级控制以车站监控工作站为基础，包括车站监控局域网、打印机和后备操作盘等设备，主要功能包括监视车站及所辖区域的通风和空调设备的运行状态，按环控要求及负荷参数，使设备按既定模式进行运转，确保车站设备协调工作，必要时人为干预。

3．现场级控制系统

现场级控制由各类传感器、执行器、远程 I/O 模块、接口模块和装置组成，设置在设备机房内，可直接操纵设备的运行。其主要功能包括向车站控制室传送所控制设备的工作状态，执行车站控制室发出的控制指令，在车站控制室发生故障时独立地进行设备监控，在维修及更换设备时进行现场调试等。

中央级和车站级控制系统如图 5-13 和图 5-14 所示。

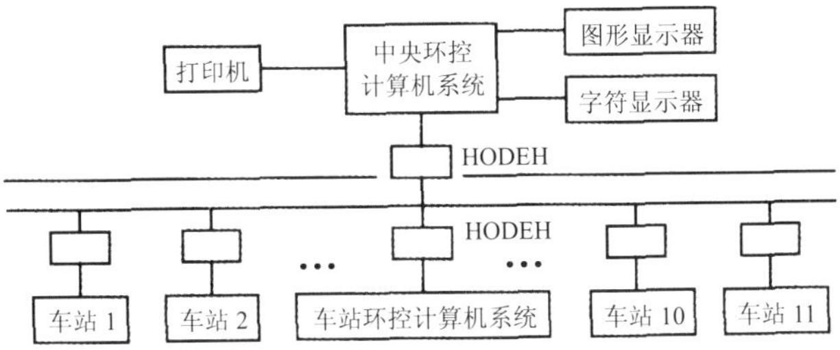

图 5-13 中央级控制系统

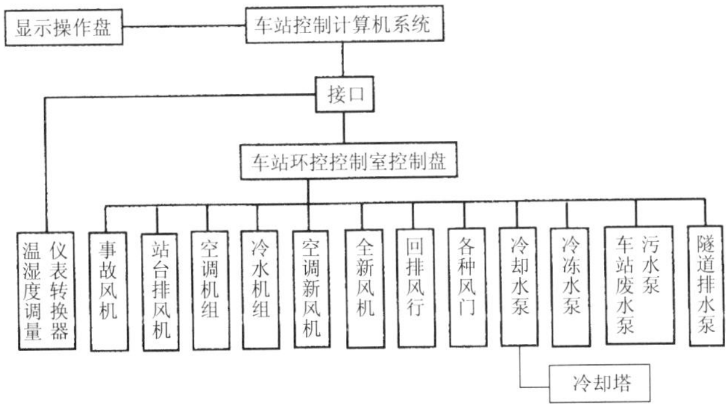

图 5-14 车站级控制系统

二、车站环控系统的管理

环控系统的运行管理包括了设备维修计划的制订、提供相关的技术支持、技术资料整理与记录、系统运行档案的建立、设备的巡检、设备的维修、设备的质量检查，以及相关工作人员的管理等各项工作。

1. 组织架构

（1）环控系统设备运行管理方面设有日常巡检工班、专用维修工班、专用技术组。

（2）环控专业工程师代表该专业负责制订各种作业计划、材料计划，必要时为维修工作提供技术支持。任职要求具有工程师或助理工程师资格证书。

（3）专业维修工班执行各种计划作业、故障抢修、临时维修任务，并及时反馈各种作业情况。每工班由 6～12 人组成，由电工、钳工、制冷工、管道工等工种组成，从业人员应持证上岗。

2. 主要任务

（1）环控专业工程师主要负责编制环控专业的年度和月度生产计划和材料消耗计划；检查考核工班的维修作业完成情况、安全作业情况和材料消耗情况；负责环控系统的设备管理工作；负责编制和实施专业内的培训工作；辅助环控专业各类生产和技术文本的编制，以及企业标准相关部分的编制工作；负责检查车站环境控制参数实现情况；负责检查车站环控模式执行情况；辅助所辖工班的各项作业和故障处理的技术支援和指导工作。

（2）日常巡检工班负责车站和环控设备的操作和运行记录工作，反馈设备运行状态，负责车站环控设备的日常巡检、定期保养、简单故障处理（属一、二级修程）的工作。

（3）专业维修工班主要负责根据专业生产技术组编制下达的日常计划性维修（属三～五级修程）、故障维修及抢修等工作。

3. 安全生产制度

环控设备维修人员必须认真执行“三不动”、“三不离”、“三不放过”、“三级施工安全措施”等基本安全生产制度。

“三不动”：未联系登记好不动；对设备性能、状态不清楚不动；正在使用中的设备不动。

“三不离”：维修完不复查试验好不离开；发现故障不排除不离开；发现异状、异味、异声不查明原因不离开。

“三不放过”：事故原因分析不清不放过；未符合制度防范措施不放过；责任人与群众未受到教育不放过。

在安排维修作业时，应有安全防范措施，并严格遵守有关技术作业安全规定。

各特殊工种必须持证上岗，并进行必要的岗前培训，上岗证应按规定进行年审。

各层级都应设专职或兼职安全员，负责安全工作及监控，形成安全管理网络。

思考与练习

1. 请简述轨道交通环控系统的功能。
2. 请简述空气处理的常用途径有哪些，并列举常用的设备。
3. 试简述空调系统的类型及工作特点。
4. 请简述空调系统如向进行经济、合理的工况调节。
5. 请简述空调水系统的分类及各自的系统组成。

项目六 给排水系统

地铁车站给排水系统的功能是满足车站的生产、生活和消防用水对水量、水质、和水压的要求，保证车站和车辆段排水畅通，为轨道交通安全运营提供服务，同时对生活污水和生产污水进行收集和处理，达到排放标准。

另外，车站给排水系统还包括消防水系统。由于消防水系统与防灾报警系统和自动灭火系统密切联系，国家技术规范规定消防给水应由消防系统统一控制管理，因此，消防水系统由消防联动控制系统进行控制。

生活给水系统主要是对给水系统的状态、参数进行监测与控制，保证系统的运行参数满足建筑的供水要求，以及供水系统的安全。

学习目标

（1）掌握城市轨道交通车站给排水系统的组成；

（2）了解城市轨道交通车站给排水系统设备的结构及工作原理；

（3）了解城市轨道交通车站给排水系统的运行管理工作内容；

（4）了解城市轨道交通车站给排水系统设备的维修工作内容；

（5）了解城市轨道交通车站给排水系统的故障处理流程及方法。

学习任务

任务一：给排水系统认知

任务二：给排水系统的运行管理

任务三：给排水系统的设备维修

任务四：给排水系统的故障处理

教学建议

本部分内容可先进行理论教学，再到地铁车站或具有给排水设备的工厂（如自来水厂）进行参观学习。

任务一 给排水系统认知

城市轨道交通车站给水系统采用城市自来水作为供水水源，分别在车站两端从城市自来水管网的干管引入两条进水管经风亭进入车站，管径为DN150～DN200，接管处水压要求不低于 0.2MPa。两条给水引入管上的电动蝶阀及隧道两端的消防电动碟阀由车站控制室的机电设备控制系统实行监控。两条引入管互为备用，进站前设置水表和水表井，每条进水管水表前设置室外消火栓和水泵结合器。生产、生活和消防采用分开的直接给水方式，由城市自来水引入水管接出生产、生活及消防水管。生活和生产给水在站内采用枝状或环状管网；消防给水在站内采用环状管网。

地铁车站给排水系统由给水系统和排水系统两部分组成。其中给水系统包括生活给水系统、生产给水系统和消防给水系统，排水系统则包括污水系统、废水系统和雨水系统。

【理论模块】

一、系统的组成

1. 给水系统的组成

（1）生活、生产给水系统的组成。

生产、生活给水系统由水源（城市自来水）、水池、水泵、水塔（水箱）、气压罐、管道、阀门、水龙头等组成。

（2）消防给水系统的组成。

消防给水系统由水源（城市自来水）、消防水泵、管道、阀门、消火栓（喷头）、水流指示器等组成。

消防给水系统根据自来水公司提供的资料，如果管网压力能满足消防时对水压、水量的要求，不必再另设加压系统。对于地面车站和控制中心，管网压力不能满足消防时对水压、水量的要求，则必须设消防水泵进行加压。整个车站的消防干管成环状，并与区间的消防管网连接。

2. 排水系统的组成

（1）污水系统的组成。

污水系统主要由集水井、潜污泵、管道及附件、化粪池、压力井、排水检查井等组成。将站厅或站台的厕所、盥洗室、茶水间冲洗水等生活污水通过潜污泵提升，经过地面压力井降压后进入车站地面化粪池，再排入城市污水管网。压力井内进、出水管道要求不在一条出水直线上，且侧壁有防冲洗的措施，车站化粪池采用各市环卫局规定的 4 号化粪池。

污水系统的工艺流程如图 6-1 所示。

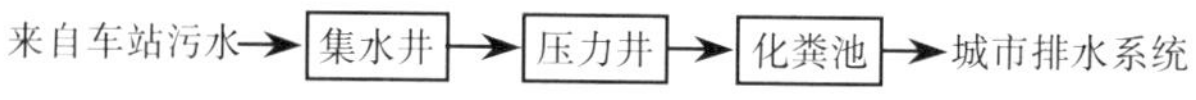

图 6-1　污水系统工艺流程

（2）废水系统的组成。

废水系统主要由集水井、潜污泵、管道及附件、压力井和排水检查井等组成。

废水系统将车站内的生产、消防废水、结构渗漏水通过潜污泵提升，经过地面压力井降压后排入城市污水管网。每一个区间隧道基本上独立设置一套排水系统，其泵房设在区间隧道线路下坡道的最低处，明挖施工区段废水泵房设在隧道外侧边或联络通道，盾构施工区段则利用联络通道作为废水泵房。压力井内进、出水管道要求与污水系统一样。

废水系统的工艺流程如图 6-2 所示。

图 6-2　废水系统的工艺流程

（3）雨水系统的组成。

雨水系统包括室外排水明沟（埋地雨水沟）、PVC 排水管、排水检查井等。雨水不作处理，汇集后直接排入城市附近河运。

二、给排水系统主要设备

给排水系统主要设备包括潜污泵、变频变量恒压给水设备、全自动气压供水设备、自动清洗过滤器、去污处理设备、地埋式污水处理一体化设备、消火栓、给排水管道、消防管道、市政进水/消防电动蝶阀、冲洗栓、水龙头、阀门等设备。

1．阀门

地铁给排水系统的阀门主要有闸阀、蝶阀、止回阀（单向阀）、排气阀、安全阀，以及卫生间的各种冲洗水阀，如水龙头（水嘴）、小便冲洗阀、大便冲洗阀。

（1）闸阀。

闸阀，如图 6-3 所示，在介质通过阀体时流动方向不变，因此产生的流动阻力小；安装时没有方向性；开启缓慢，不会产生过大冲击，缺点是结构复杂，外形尺寸大；闭合面磨损快，维修不方便。

图 6-3　闸阀

（2）蝶阀。

地铁采用的蝶阀按驱动方式分为手动蝶阀和电动蝶阀，如图 6-4 和图 6-5 所示。蝶阀质量轻，体积小，与金属密封的闸阀和截止阀相比，采用软密封的蝶阀可实现完全密封，气密性非常好。蝶阀操作简便，在 90° 回转范围内即可实现启闭功能。

图 6-4 手动蝶阀

图 6-5 电动蝶阀

（3）止回阀。

止回阀的动作是利用阀前阀后的压力差使阀门完成自动启闭，从而控制管道中的介质只向指定的方向流动，当介质即将倒流时，它能自动关闭，从而阻止介质逆向流动，如图 6-6 所示。地铁给排水系统采用的止回阀包括排水泵站和市政给水引入管上的橡胶瓣止回阀（旋启式单向阀）和气体消防管路上气、液单向阀（升降式单向阀）。

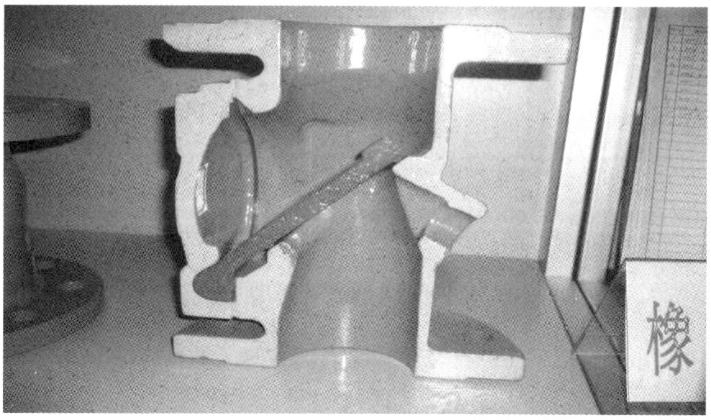

图 6-6 止回阀

（4）排气阀。

在一般情况下，水中约含少量的溶解空气，在输水过程中，这些空气从水中不断释放出来，聚集在管线的高点处，形成空气袋，使输水变得困难，系统输水能力可因此下降约（5～15）%。排气阀的作用是排除管道中聚集的空气。

（5）安全阀。

安全阀的作用是当管路里的流体压力超过一定值时，安全阀打开，排放一定量的液体，释放部分压力，保护管路安全，如图 6-7 所示。

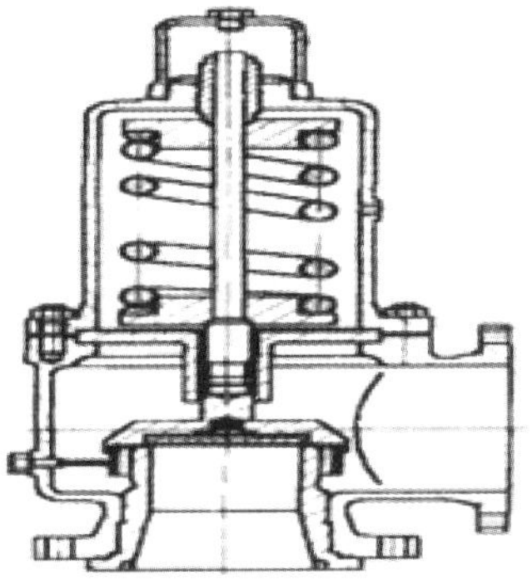

图 6-7 安全阀

如图 6-7 所示，安全阀阀盖上方有一根弹簧，弹簧的作用力将阀盖压在出水口上，当流体压力小于弹簧作用力时，阀盖保持关闭，当流体压力大于弹簧的作用力时，阀盖被顶开，弹簧的作用力决定了安全阀的动作范围，它属于一种水力阀。

2. 水泵

地铁给排水系统采用的水泵有潜污泵和消防泵两种，两种水泵都来是离心泵，但因所适用的环境不同，结构上也存在差异。因电动机部分必须完全淹没于水面以下运行，所以潜污泵对防水的要求较高，而消防泵的扬程较高，一般是多级泵。

（1）潜污泵是水泵和电动机一体化的水泵，电动机可完全淹没于水面以下运行，水泵和电动机中间有一个油腔，水泵和油腔之间采用机械密封进行隔离，油腔和电动机之间采用骨架油封进行隔离，也有一些产品采用机械密封进行隔离，结构如图 6-8 所示。

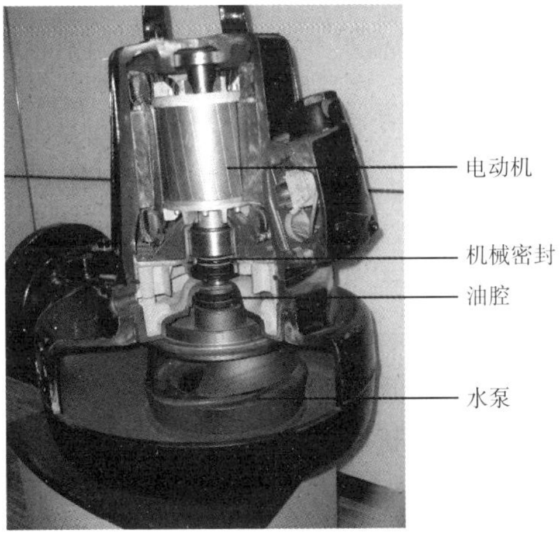

图 6-8 潜污泵

（2）消防泵因扬程较高，一般采用多级泵，结构特点是多叶轮串联在一起，下一级叶轮的出水口为上一级叶轮的吸水口，水泵的扬程为所有叶轮扬程的总和。

任务二　给排水系统的运行管理

给排水维修人员需要完成对所辖区域给排水设备的维护、保养和巡视工作。通过对给排水系统设备的操作、维护、保养和维修，使之能持续、高效地运行。要求操作者必须熟悉给排水系统各设备的性能，了解其结构及工艺、运行环境等要求，掌握各设备的操作、保养、简单维修等技能。

【技术模块】

一、运行管理的有关规定

对设备运行进行有效管理，及时发现系统设备运行异常现象，并在保证安全和不影响正常运营情况下及时进行维修，以确保系统正常运行。

车站给排水系统的运行管理需遵循以下规定：

（1）给排水专业设备由给排水技术管理人员和维修计划安排进行；

（2）工班负责做好日常巡视工作，并填写相应巡视记录，如遇故障必须及时处理和汇报；

（3）区间泵房、雨水泵房为重点运行管理对象，按维修计划安排进行；

（4）记录各站和车辆段每月水表读数，并向生产调度汇报；

（5）牢记安全操作事项及用电安全；

（6）地面站的消防泵每三个月启泵一次；

（7）各车站的水源均为两路供水，电动蝶阀每三个月定期轮换一次；

（8）对于损坏、偷盗消防设备的情况必须向有关部门及时汇报。

二、运行管理的主要工作内容

车站给排水系统运行管理的主要工作有按维修、保养、操作规程、规则和手册进行操作和维护设备；按规定的周期，对设备进行不同内容的检查、检测，保证车站正常的运营需求。

1. 潜水泵的运行管理

车站泵房集水池内一般设两台潜污泵，一用一备轮换进行，必要时可同时运行。集水池一般设有超高、中、低、超低 2～4 个终端液位控制器，根据水位高、低自动控制排水泵的启停，并通过机电设备控制系统监视。当水位达到超低水位时，两台泵均停止工作，手/自动都无法启动；当水位达到低水位时，开启第一台泵；当水位达到中水位时，两台同时开启。由液位控制器失灵引起的水位报警，机电设备控制系统将会发出报警信号，通知站务人员到现场，将转换开关打到手动位置，手动启动排水泵。

2. 消防水系统设备运行管理

（1）消防水管上的阀门保持常开。工作人员发现火灾时，应及时按下消火栓箱的手动报警器或通过箱体上的报警电话向车控室报警，并取出消防水带，接上消火栓及水枪后，打开阀门，持枪喷水灭火。火灾扑灭后，关闭消火栓阀门，取下水枪、水带，在冲净、晾干后将器材放回原位，并在转盘的摇臂、箱锁、阀门等处涂上 2 号钙基酯，以便再次使用。区间消防管道上的电动蝶阀自动开启，同时操作人员迅速到现场将手动蝶阀打开，进行灭火。车站消防设施应建设完善的巡视、检查、登记制度，至少每周巡视一次；每三个月开箱检查和每年功能测试一次。

（2）对于自动喷水灭火系统来说，当发生火灾时，喷头口的玻璃球熔化并自动喷撒水雾，由于系统内水压的突降，在湿式报警阀两端产生压差，压差使湿式报警阀打开，延时 30s 后，自动启动消防水泵进行灭火，同时发出报警声。

3. 自动清洗过滤器运行管理

（1）开机。

① 同时打开进水阀和出水阀。

② 打开过滤器上封头的排气阀，排除罐内的空气后，将排气阀关闭。

（2）观察。

① 观察浊水腔和清水腔压力表，看压力是否正常。

② 观察过滤器有无泄漏（上下封头的轴封、罐体法兰、阀门法兰、压力表和差压控制器取样管），如有泄漏应及时处理。

（3）反清洗。

反清洗机构一般有手动和自动清洗两种工作状态。当电控箱的切换开关置于手动位置时，处于手动工作状态；置于自动位置时，则处于自动工作状态。

① 手动反清洗。

可在任意时间间隔，或者根据两个压力表的压力差（压差达到一定值时），按动电控箱上反冲洗电动机启动按钮，使反冲洗吸管旋转；同时按动“排污阀开”按钮，使排污阀打开，即开始冲洗。反冲洗时间依据水质污浊程度而定，当清洗后压力差恢复正常，即表示过滤柱内污渣已经洗净，然后按动“反冲洗电动机停”和“排污阀门关”按钮，结束手动反冲洗。

② 自动反冲洗。

该机装有差压控制器，可自动控制反冲洗的开始和结束。

- 在差压控制器上设定两个压力值：压差和切换差。压差是指罐体浊水腔和清水腔的压力差，切换差是指差压控制器中微动开关的切换范围。
- 差压控制器的差压设定范围为 0.02～0.16MPa，切换差切换范围为 0.035～0.15MPa。
- 当差压控制器启动减速机时，电动蝶阀自动打开。
- 另外，还设有定时反冲洗功能。

任务三　给排水系统的设备维修

给排水设备的维修是根据给排水设备的性能，按照一定的科学管理程序和制度，以一定的技术管理要求，对设备进行日常养护和维修更新，确保给排水设备设施性能良好。

【技术模块】

给排水设备中以潜水泵的维修作业最多、最复杂。

1. 潜水泵的装配工艺

（1）将下轴承盖套在转子总成轴的轴颈上，下轴承挡上部。

（2）将下轴承压入转子。

（3）分别在下轴承下端装好轴承挡圈，利用弹性挡圈挡住轴承。

（4）将装有下轴承的转子部件压入。

（5）将孔用弹性挡圈装在下轴承上端轴承座卡槽内。

（6）将下轴承盖用螺钉与轴承座装配，紧固。

（7）将泄漏检测器插入橡胶圈内，再插到轴承座内。

（8）将上机械密封推入轴承座内，并用轴用弹性挡圈卡住。

（9）机械密封座止口上套入O形密封圈，将机械密封座与轴承座通过止口装配起来。

（10）将下机械密封装入机械密封座内。

（11）将O形密封圈套入机械密封座内。

（12）将涡壳与机械密封座通过止口装配起来。

（13）用螺钉将轴承座、机械密封座及涡壳紧固。

（14）叶轮装在轴上，用键固定。

2. 潜水泵的拆卸工艺

潜水泵的拆卸与装配顺序相反，不再赘述。

3. 潜水泵维修注意事项

（1）定期（每季）检查电动机相间和相对地之间的绝缘电阻，其值不得低于 2MΩ，否则应检查水泵接地是否牢固可靠。

（2）水泵每次安装时，都要检查电动机的转向是否正确。正确的方向：从泵的吸入口往上看，叶轮逆时针方向旋转。如果旋转方向不正确，可以调换三相电源线中的任意两相的位置。

（3）水泵运转前，检查电源电压值。该电压不允许超出额定值的±10%。

（4）每年检查一次变压器机械油，如机械油呈乳化状态或有水沉淀出来，应及时更换10～30号机械油和机械密封。对于在恶劣条件下使用的水泵，就更应经常维修。

（5）在正常条件下，水泵工作一年后，应进行一次全面维修，更换已磨损的易损件，并检查紧固件的状态。

（6）对装有耐磨环的泵、叶轮与耐磨环之间的磨损间隙在直径方向的最大值超过20mm时应更换耐磨环。

（7）为防止水泵在使用多次时内部积有杂质，可用清洁的水来清洗水泵，尤其是下密封处，以免结块、堵塞。电泵长期不用时，应将电泵从水中提出，不要长期浸泡在水中，以减少电动机受潮的机会，从而延长水泵的使用寿命。水泵每次提出来时，最好用清水冲洗一次。

（8）非专业人员不能拆卸水泵，需拆卸时要按作用标准规范作业，不要野蛮操作，以免损坏零部件，破坏密封，从而损坏电动机。

（9）运行中应经常检查各种仪表的安全可靠性和正确性，如电流表指示是否正常，是否超出铭牌范围。

（10）水泵应在规定的范围内使用，流量不可超过额定流量太多，以免超载，可以通过调节出口闸阀的大小来调节。闸阀关小，流量也就变小，相应的电流、功率也就减小。

（11）固定水泵底座的不锈钢螺钉应牢固，无锈蚀现象。

（12）潜水泵与泵座接口应吻合密封。

（13）接地应牢固，接地线为黄绿线，比其他线长 50mm。

（14）潜水泵润滑油为 0～40 号机械油。

（15）潜水泵控制箱内应清洁，导线连接应坚固无松动，主交流接触器触点光滑，无明显的磨损现象，各辅助触点动作正常。

4. 水泵的维修及安装标准

水泵的维修和安装标准参见表 6-1 所示。

表 6-1　水泵维修和安装标准

项别	项　目		质量标准	检验方法
保证项目	离心泵/轴流泵	水平度	允许偏差≤0.1mm/m	用水平仪在泵的底座、泵体水平中分面、轴颈或主轴外露部分进行检查
		铅垂度		
	深井泵	泵的出水管连接	出水管与水泵间的连接必须对正、牢固可靠	观察检查
		叶轮与导水壳的轴向间隙	必须按设备技术文件和传动轴长度准确计算后进行检查，在首次运转 20min 后再次调整其间隙	检查施工记录
	往复泵	泵体水平度	泵体纵、横向水平的允许偏差≤0.1/1000mm	用水平仪在机身滑道、水（汽）缸镜面或其顶端平口、轴承座或其他光洁平面检查
		轴瓦与轴颈间隙	轴瓦与轴颈的径向间隙（顶间隙和侧间隙）和轴向间隙必须符合设备技术文件的要求	用压铅法和塞尺插试检查或检查施工记录
		联轴器同轴度	电动机、减速器、泵体曲轴与联轴器连接，同轴度的允许偏差必须符合设备技术文件的要求	用塞尺或专用工具检查
		轴颈水平度	轴颈水平度允许偏差≤0.1/1000mm	用水平仪查检

续表

项别	项目		质量标准	检验方法
保证项目	往复泵	曲颈中心垂直度	曲轴中心与机身滑道中心线垂直度的允许偏差必须符合设备技术文件的要求	以机身滑道为准，拉中心线用内径百分尺检查
		活塞组装	活塞在水（汽）缸内距离两端头的间隙，必须符合设备技术文件的要求	用压铅法检查或检查施工记录
		深井泵清洗	深井泵的橡胶轴承应用水清洗，必须符合设备技术文件要求	观察检查或检查清法记录
	试运转	离心泵、轴流泵和深井泵	（1）填料使压盖松紧适当，允许有滴状泄漏，温度不得过高； （2）电动机的电流不得超过额定值； （3）运转中无较大振动，声音正常；各连接部分不得松动或泄漏； （4）滚动轴承最高温度≤70℃，滑动轴承≤60℃	检查试运转记录或试车检查
		往复泵	（1）连接法兰和密封装置不得有渗漏现象； （2）润滑油温度≤60℃，压力不得低于设备技术文件的要求值； （3）各运转部件不得有不正常的声响和摩擦现象； （4）冷却水运转供应正常，进出口水温不得超过设备技术文件的要求； （5）电动机的电流不得超过额定值	在轻负荷下运转 10min，在 1/2Pa 和 3/4Pa 下各运转 1h，在 1Pa 下运转不少于 8h
基本项目	地脚螺栓		应垂直，螺母应拧紧，扭力矩一致。螺母与垫圈和垫圈与设备底座的接触应紧密	用手拧和观察检查
	垫铁		垫铁组应放置平稳，位置正确，接触紧密，每组不应超过 3 块	用小锤轻击和观察检查
	离心泵及轴流泵露体组装		叶轮吐出口的中线与涡室的线应对准。多级泵平行盘与平衡环靠紧的情况下，叶轮吐出口外缘的位置应在导翼进口宽度范围内	用钢板尺和观察检查
	离心泵及轴流泵体组装		叶轮和密封环或轴流泵叶片外壳与泵壳的间隙应均匀，每侧径向实际最小间隙不应小于设备技术文件要求值的 40%，但径向两侧之和不应大于要求的最大值；输送含有固体颗粒悬浮物质的离心泵，叶轮壁两侧与涡室的间隙，应调整到设备技术文件的要求值	用塞尺插试检查
	离心泵及轴流泵体组装		填料环应对准水封管，填料压盖与泵轴的间隙应均匀，不应有互相摩擦	用扳手插试和观察检查
	深井泵	泵管互相联接	泵管互相连接，管端与轴承支架端面应连接紧密，如无轴承支架，两管端应位于螺旋连管节中心位置，允许偏差为 5～6mm	用扳手拧紧，钢板尺和观察检查
		底座与传动轴、泵管	底座与传动轴、泵管的中心线应垂直，与泵管的连接法兰应对准，螺栓坚固	用水平仪、扳手拧试和观察检查

续表

项别	项目		质量标准	检验方法
基本项目	深井泵	电动机轴孔间隙	电动机转子轴孔与传动轴的间隙应均匀	用塞尺插试检查
	往复泵	轴瓦与轴颈接触面	接触面不应小于 60°，接触面积不应小于接触弧面的 70%，接触点分布要均匀	用着色法检查或检查施工记录

任务四　给排水系统的故障处理

给排水系统设备是城市轨道交通系统机电设备的一部分，其事故（故障）原则要求遵循城市轨道交通制定的相关规定及要求，具体而言，即“先通后复”，尽可能减少事故（故障）对正常运营的影响。

【技术模块】

一、区间消防水管爆裂事故的处理

1. 车站接报后，由当日轮值按如下程序负责组织抢修

（1）通知车站人员关闭爆管区间两端消防蝶阀。

（2）与控制中心 OCC 联系，封锁事故区段线路，站台设置红闪灯。

（3）组织专业维修人员并准备维修工具，到指定地点集中候车。

（4）申请抢险用工程车，同时要求车务部派人现场协助。

（5）各项准备工作就绪后，开工程车赶往事故现场。

2. 抢修人员分工及安全注意事项

（1）分工。

一般情况下，至少要将人员划分为两组，一组负责拆、装水管及检查、关闭区间爆裂水管附近两端蝶阀；另一组负责运送水管。

（2）安全注意事项。

严格遵守《维修安全规则》，做好并检查安全防范措施，防止发生工伤事故。

（3）事故处理。

经抢修队长确定爆管长度后，命令一组人员用活动扳手，在两端将柔性卡箍拆下，然后将二组运送的水管割好并对好位，经抢险队长确认无误后，再装上柔性卡箍并试漏、试压。

所有抢修工作结束后，出清线路。向站控室、OCC 汇报修复情况和线路出清情况，车站和控制中心解除线路封锁，运营车辆恢复运行。抢修人员回车间向轮值汇报。

（4）车间轮值通知生产调度。

（5）总结分析事故发生原因，出具事故报告。

二、水泵的故障分析与处理

给排水系统故障绝大多数是因为水泵发生故障引起的，因此，熟知水泵故障发生的原

因及处理方法，对快速处理给排水系统故障有着重要意义。水泵的常见故障现象、故障原因及处理方法参见表 6-2。

表 6-2 水泵故障的分析与处理

序号	故障现象	故障原因	处理方法
1	水泵流量不足或不出水	泵反转	关掉总电源，调换任意两相电源线
2		阀门未打开或打开角度不够	检查并打开阀门
3		管道、叶轮堵塞	清理管道或叶轮的堵塞物
4		出水管泄漏	找出泄漏点并校正
5		耐磨环磨损	更换
6		耦合挂件断裂	更换
7	水泵运行不正常、噪声振动异常	叶轮或转子不平衡	校平衡
8		轴承磨损	更换
9		转轴弯曲	送厂家校正或更换
10	绝缘电阻偏低	电缆接线端松动	拧紧电缆接头
11		电缆线破损	更换
12		机械密封损坏	更换
13		O 形密封圈失效	更换
14	电流过大	管道、叶轮堵塞	清理管道或叶轮的堵塞物
15	水泵无法停止或自动启动	浮球失灵	更换浮球
16		浮球上浮子卡在工作位置	松开，如需要可以改变位置
17	泵启动和停止太频繁或长时间运行	浮球开关的时间太短	重新调整浮球开关，延长运行时间
18		止回阀故障	检查止回阀，并维修

思考与练习

1. 请简述车站给排水系统的组成。
2. 请简述车站给排水系统的主要设备及其功能。
3. 请简述车站给排水系统潜水泵的维修方法。
4. 请简述车站给排水系统水泵的常见故障及处理方法。

项目七　低压配电及照明系统

城市轨道交通供电系统是城市轨道交通系统的重要组成部分，它包括牵引供电系统和动力照明系统两大子系统。牵引供电系统主要是将上一级变电所电压经牵引变电所处理后送接触网，供电动车辆使用。动力照明系统是为车站内的动力设备、照明、通信、信号等装置供电的供电系统，其电压等级一般在 380V 以下，故又称为低压配电系统。城市轨道交通供电系统总图如图 7-1 所示。

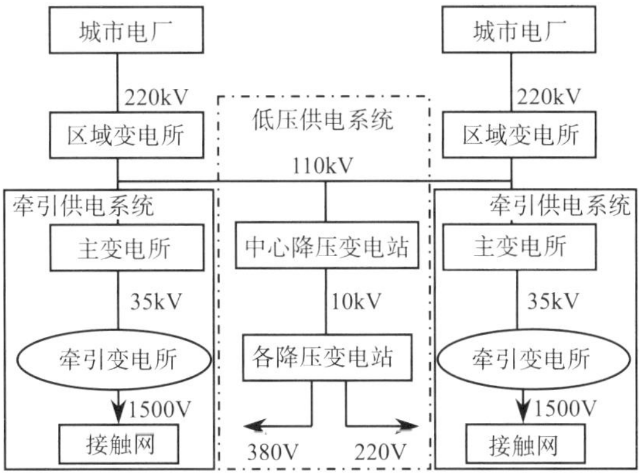

图 7-1　城市轨道交通供电系统图

本章着重介绍低压配电和照明系统的组成、系统设备及故障处理。

学习目标

（1）掌握城市轨道交通车站低压配电及照明系统的组成；

（2）掌握城市轨道交通车站低压配电系统的供配电方案和负荷情况；

（3）掌握城市轨道交通车站低压配电系统的主要设备及其功能；

（4）掌握城市轨道交通车站照明系统负荷的类型；

（5）掌握城市轨道交通车站照明系统的供配电方案及控制方式；

（6）了解城市轨道交通车站低压配电及照明系统的巡视作业方式及作业内容；

（7）了解城市轨道交通车站低压配电及照明系统的的故障处理流程及方法。

学习任务

任务一：低压配电系统认知

任务二：照明系统认知

任务三：低压配电及照明系统的运行管理

任务四：低压配电及照明系统的故障处理

教学建议

由于本部分内容较简单，可先进行理论教学，再到地铁车站进行参观学习。

任务一　低压配电系统认知

低压配电系统主要为车站管辖范围内的通风空调系统设备、消防联动设备、给排水设备、自动扶梯、照明设备、屏蔽门系统等提供电源，如图 7-2 所示。系统由配电变电所（通常是将电网的输电电压降为配电电压）、高压配电线路（即 1kV 以上电压）、配电变压器、低压配电线路（1kV 以下电压），以及相应的控制保护设备组成。

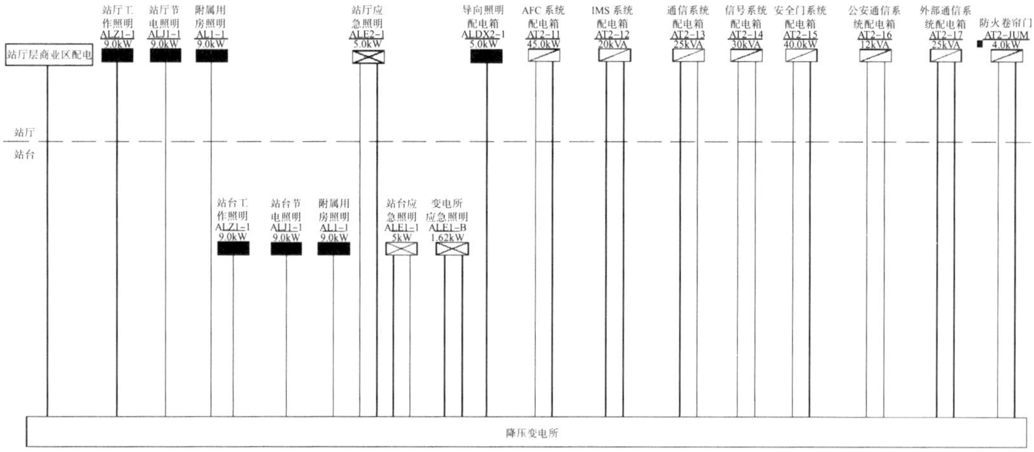

图 7-2　某城轨车站低压配电系统简图

【理论模块】

一、系统的组成

1. 电源

车站低压配电系统一般采用 380V/400V 三相五线制和 220V 单相三线制两种供电方式。

2. 负荷

车站低压配电系统的供电负荷主要有以下几个方面。

（1）车站站台、站厅的动力设备和照明。

（2）设备及管理用房的机电设备。

（3）售检票设备。

（4）通信、信号系统设备。

二、负荷等级划分

根据用电设备的不同用途和重要性，车站用电负荷分为三级。

（1）一级负荷。

一级负荷包括通信系统、信号系统、火灾报警系统、气体灭火系统、机电设备控制系统、屏蔽门、牵引变电所和降压变电所用电、消防泵、废水泵、雨水泵、防淹门、站控室、事故风机及其风阀等设备。

（2）二级负荷。

二级负荷包括非事故风机及风阀、污水泵、集水泵、自动扶梯、工作人员电梯、自动售检票设备、民用通信电源、维修电源及冷水机组油加热器等设备。

（3）三级负荷。

三级负荷包括冷水机组、冷冻水泵、冷却水泵、冷却塔风机、电开水器、清扫电源等设备。

三、供配电方案

城市轨道车站低压配电系统的供配电方案，主要有车站低压所直接供配电和由环控室供配电两种方案。

1. 由车站低压所直接供配电的供配电方案

由低压所直接供配电的一级负荷设备（如通信系统、信号系统、站控室、废水泵等），系统由低压所低压柜两段母线各馈出一路电源至设备附近的电源切换箱，经电源切换箱实现双电源末端切换后再馈出给设备。两路电源均正常工作时，一路工作，一路备用，并可互为备用。

由低压所直接供配电的二级负荷设备，如自动扶梯、工作人员电梯、污水泵、集水泵等，系统由低压所低压柜其中一段母线馈出一路电源至设备附近的电源配电箱后再馈出供给设备。当该段母线失压后，母线分段断路器（或称母联断路器，连接两段母线）自动合闸，可由另一段母线继续供电。

对低压所直接供配电的三级负荷设备，如环控三类负荷，即活塞式冷水机组、离心式冷水机组、空调机、空调新风机等，系统由低压所低压柜其中一段母线馈出一路电源至设备附近的电源配电箱后再馈出供给设备，当低压所低压柜任意一段母线失压或故障时，将中断所有三级负荷设备供电。

2. 由环控室直接供配电的供配电方案

对环控室直接供配电的环控一、二类负荷设备，如区间隧道风机、送排风机、回排风机、防火阀、风阀、环控配电箱等，系统采用单母线断路器分段接线形式供电，并设有电源自动切换装置，通过母线分段断路器的自动投切装置，实现两路电源切换。

对环控室供配电（直接或间接）的环控三类负荷设备，如电动蝶阀、冷却水泵等，系统采用单母线接线形式供电，当该母线失压或故障时，中断供电，当电网只有一路电源供电时，也将联跳中断供电。

四、系统设备

低压供配电系统的主要设备及功能如下所述。

1. 环控电控柜

环控电控柜包括开关柜、控制柜、继电器柜等。安装于车站环控电控室内，提供环控电控室直接供配电设备所需电源和实现环控设备的电气控制及环控设备的环控室操作控制。如图 7-3 所示为环控开关柜。

2. 环控设备就地控制箱

安装于车站各环控设备附近，用于维修调试时各环控设备的就地控制操作。

3. 防淹门控制柜

安装于过江隧道两端防淹门控制室及车站站控室，用于防淹门的操作控制。

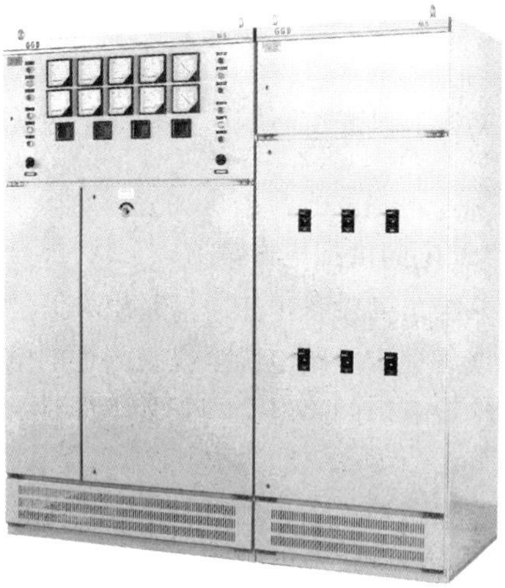

图 7-3 环控开关柜

4. 雨水泵控制柜

安装于地面站与地下站之间地下隧道入口处雨水泵控制室内，用于地下隧道入口处雨水泵的运行控制。

5. 废水泵、污水泵、集水泵控制箱

安装于车站废水泵、污水泵、集水泵用电设备附近，用于废水泵、污水泵、集水泵运行控制。

6. 区间隧道维修电源箱

安装于车站区间隧道内，约 80m 设 1 台，提供隧道内设备维修作业时所需电源。

7. 电源配电箱、电源切换箱

安装于车站各动力用电设备附近，如自动扶梯、水泵、信号设备、通号设备、自动售

检票设备，提供设备所需电源。

8．防火阀（DC 24V）电源配电箱

安装于车站防火阀相对集中处附近，将 AC 220V 交流电整流为 DC 24V 直流电源，提供给防火阀关闭电磁阀动作所需 DC 24V 电源。

9．照明配电箱、照明控制盘

安装于各车站照明配电室、站控室和部分设备房，用于集中控制相应场所的一般照明、节电照明、应急照明及广告照明，实现照明配电室集中控制和站控室集中控制。

10．应急照明电源装置

包括充电柜、交直流电源切换柜和蓄电池，安装于车站站台层蓄电池室，实现蓄电池充电和应急照明电源交直流切换，为车站提供事故状态下的应急照明电源。

任务二　照明系统认知

由于城市轨道交通车站，尤其是地铁车站，大部分位于地下，故其照明系统显得尤为重要。地铁车站的地下地域特征及地铁运营性质决定了地铁车站内部照明种类的多样化，而且其配电回路的数量不亚于动力用电回路。

【理论模块】

一、照明系统的分类

车站照明系统采用 380V 三相五线制和 220V 单相三线制两种方式供电。

系统按照负荷属性的不同和负荷区域的不同可进行如下分类。

1．按属性分类

有一般照明（包括工作照明和节电照明）、应急照明（又称事故照明）、标志照明（又称指示照明）、疏散照明和广告照明等若干种。

根据各负荷的重要性，照明负荷可分为三个等级。

（1）一级负荷。应急照明（带双电源供电）。

（2）二级负荷。包括一般照明及标志照明。

（3）三级负荷。包括广告照明等。

2．按区域分类

有出入口照明、公共区域照明、办公及管理区域照明、设备房照明、区间隧道照明，以及电缆廊道照明。

二、各区域照明系统的配置

公共区域、区间隧道、电缆廊道及出入口各区域照明的配置情况如下所述。

（1）站台层、站厅层公共区域需配备工作照明、节电照明、应急照明、广告照明、标志照明和疏散照明。

（2）设备及管理用房需配备一般照明和应急照明。

（3）出入口需要具有疏散照明、一般照明与应急照明。

（4）电缆廊道只需配备一般照明。

（5）区间隧道需配备工作照明和应急照明。

1. 公共区域照明

一般是指车站站台、站厅层的照明，主要由工作照明、节电照明、应急照明和广告照明等组成。工作照明是维持站台、站厅层正常工作的保障，约占站台、站厅照明总容量的1/3。节电照明是为节约电能而设置，约占公共区域照明的 1/3。在站台和站厅层，工作照明与节电照明的灯具交错布置，节电照明是长期供电的，故当运营高峰过后，可停掉工作照明的供电，只有节电照明工作，以便节约能源。

应急照明是在紧急情况下（火灾或低压供配电系统较大故障），正常照明供电出现供电故障时，紧急启用的一种照明装置。应急照明有采用交直流切换供电方式的，也有采用交流供电加 EPS 切换方式供电的，供电时间不少于 60min。

应急照明在车站的站台、站厅及出入口为长明灯，不设集中控制，采用就地控制。目前，较新颖的应急照明装置是一种内装有小型密封蓄电池、充放电转换装置、逆变器和光源等部件的照明灯具，多用于高架站和基地。

标志照明一般是指车站站台和站厅层的站名牌、方向名牌的照明。

2. 区间隧道照明

在以前的单线隧道中，区间照明装置设置于行车方向左侧墙上，分工作照明和应急照明，两种照明相间布置，间隔约 6m 左右。工作照明由变电所配电柜经配电室内区间照明配电箱供电，应急照明由交直流屏电源供电。在新建线路上，区间隧道照明一般采用节能灯，大约每间隔 5m 设置一套节能灯，既省电又能延长使用寿命，灯泡功率需根据照明条件而定。

3. 电缆廊道照明

站台板下及变电所夹层一般作为电缆廊道，其照明一般采用 36V 安全电压，照明变压器分别设在两端配电室内。

4. 出入口照明

出入口照明分为疏散照明、一般照明与应急照明。一般情况下，应急照明灯常亮，以减小旅客进出地下出/入口时产生的视觉反差。一般照明可根据工作时间和是否为高峰期进行开关控制。

车站出入口及上下通道的疏散照明用于在紧急情况下向乘客指示安全出口方向。灯具自带蓄电池，并保证供电时间不小于 30min。

在站厅、站台及车站办公区等公共场合也需要设置疏散照明，用于紧急情况下乘客的安全疏散。

三、照明系统的供配电

车站内的站厅层和站台层各层的两端各设置一照明配电室，室内集中安装各类照明配电控制箱。在站台两端各设置一应急照明装置室，室内安装一套应急照明装置。一般照明、节电照明、设备及管理用房照明的电源，分别在降压所的低压柜两段母线上各馈出一路电源，与照明配电室的两个配电箱连接，以交叉供电方式，向站台、站台、设备及管理用房供电。

应急照明电源是由低压所的低压柜两段母线上各馈出一路电源，经双电源切换装置再馈出至各照明配电箱配出单独回路供电。

站台、站厅及人行通道的疏散照明由应急照明配电箱配出单独回路供电。

广告照明及其他各类照明（区间隧道一般照明除外）也均由配电室配电箱配出。

区间隧道一般照明由设在站台两端隧道入口处的区间隧道一般照明配电箱配出。

四、照明系统的控制

车站照明系统的控制可分为三级：就地级控制、集中控制和系统级控制。

1. 就地级控制

各设备及管理用房进门处设有就地开关箱或盒，可控制相应设备及管理用房的一般照明。区间隧道一般照明受设于隧道两端入口处的区间隧道一般照明配电箱控制。

2. 集中控制

照明配电室或车控室内设有相应照明场所的照明配电箱，可集中控制相应场所的一般照明、节电照明、应急照明及广告照明。

3. 系统级控制

地铁车站可通过位于车站控制室内的机电设备控制系统操作界面，对照明模式进行控制。一般，地铁车站照明模式有广告照明系统模式、工作照明系统模式、导向照明系统模式和区间照明系统模式。

【实操模块】

[实训任务]

利用 BAS（机电设备控制系统）操作界面进行照明系统工作模式的控制。

[实训目的]

能够在 BAS 系统操作界面上进行照明模式的控制。

[实训要求]

（1）了解 BAS 系统照明系统操作界面的使用。

（2）能够在 BAS 系统操作界面上进行照明模式的控制。

[实训环境]

具有 BAS 系统的地铁车站或具有 BAS 仿真系统的仿真实训室。

[实训指导]

指导老师先进行介绍和操作演示，学生再进行实操训练。

在 BAS 系统中，照明系统有广告照明系统模式、工作照明系统模式、导向照明系统模式和区间照明系统模式，在 BAS 系统操作界面上对它们的控制操作都是一样的。下面我们以广告照明系统模式为例，详细介绍照明系统控制界面的进入、模式的变更及模式执行情况判断方法。

1. 控制界面的进入

在 BAS 操作界面的主菜单区中单击“照明模式”按钮，如图 7-4 所示，进入照明系统监控界面，如图 7-5 所示。

图 7-4　BAS 系统操作主界面

2. 模式变更

以广告照明为例，进入照明系统监控界面，单击“广告照明”按钮，弹出如图 7-6 所示的广告照明系统模式监控界面。

此界面分为正在执行模式、控制方式、模式下发和设备动作状态四栏。

可通过操作“控制方式”栏中的“自动”或“手动”按钮进行系统控制方式的变更。

如图 7-6 所示，系统目前正处于手动控制方式。此时，可单击“自动”按钮，将系统控制模式变更为自动控制方式。

当控制方式设置为自动时，相应的手动下发模式失效，当控制方式设置为手动时，可下发分闸模式或合闸模式指令。

当系统设置为手动方式时，可在“模式下发”栏单击合闸模式或分闸模式前面的“执行”按钮，进行分、合闸模式指令的下发。

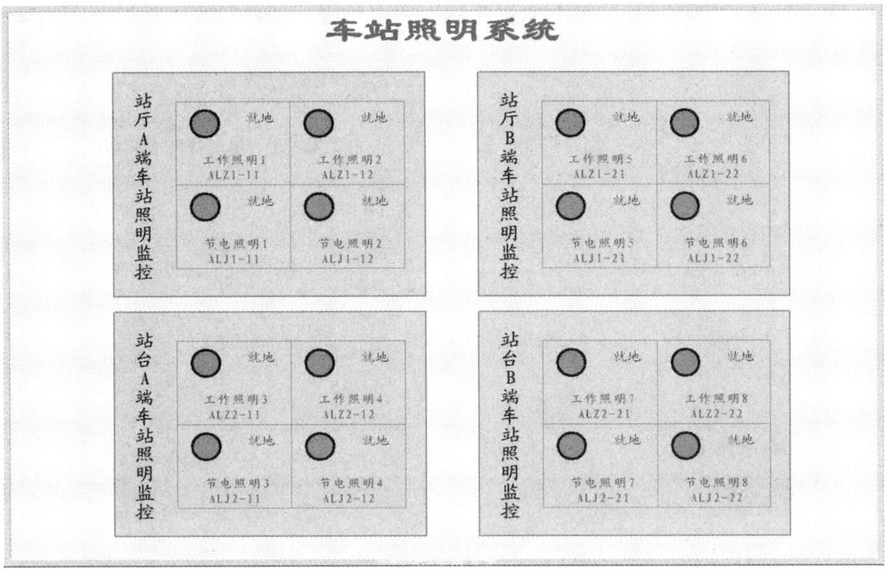

图 7-5　车站典型照明系统监控界面

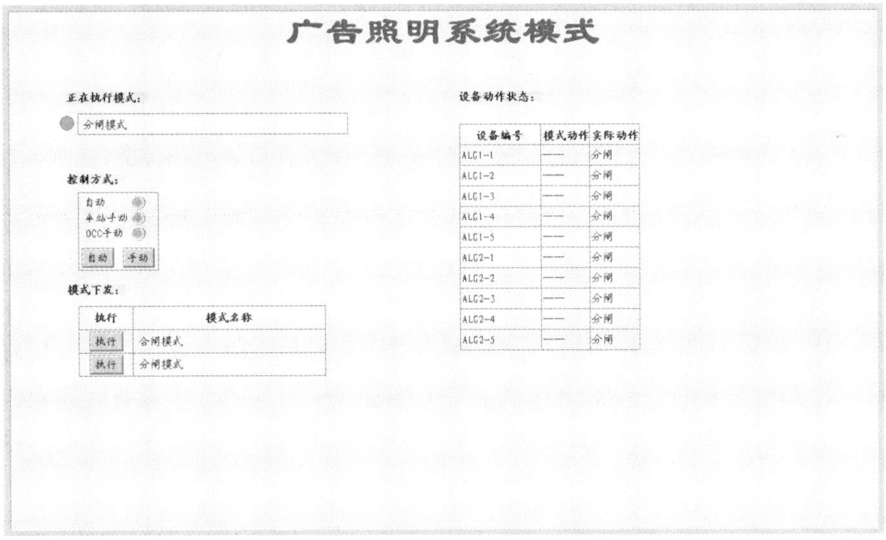

图 7-6　广告照明系统模式监控界面

3．模式执行情况的判断

当进行了系统控制模式的变更后，需要确认新下发的控制模式是否执行，有以下两种判断方法。

【第一种方法】通过查看图 7-6 所示的系统监控界面中左上面“正在执行模式”栏的指示状态来判断，如图 7-7 所示。

当指示灯为绿色且常亮，表示执行成功。

当指示灯为红色且慢闪，表示执行失败。

【第二种方法】查看图 7-6 所示的系统监控界面中右边“设备动作状态”栏，如图 7-8 所示。

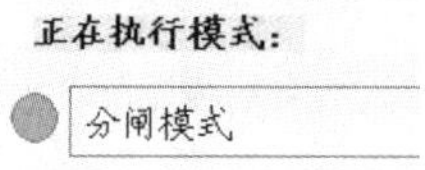

图 7-7　广告照明系统模式监控界面中的“正在执行模式”栏

设备动作状态:

设备编号	模式动作	实际动作
ALG1-1	——	分闸
ALG1-2	——	分闸
ALG1-3	——	分闸
ALG1-4	——	分闸
ALG1-5	——	分闸
ALG2-1	——	分闸
ALG2-2	——	分闸
ALG2-3	——	分闸
ALG2-4	——	分闸
ALG2-5	——	分闸

图 7-8　广告照明系统模式监控界面中的“设备动作状态”栏

模式执行成功：“模式动作”和“实际动作”完全一致。

模式执行失败：设备动作有一个或几个“模式动作”和“实际动作”不一致。

任务三　低压配电及照明系统的运行管理

低压配电系统的运行管理是通过对车站低压供配电和照明系统各设备的正确操作和管理，保障设备处于安全受控状态，使设备达到优质、高效的运行工况，实现系统的设计功能，为车站正常运营提供必要的基础条件。

低压配电和照明系统的运行管理的主要工作内容有故障应急处理、日常检修作业、巡视作业、计划维修作业、设备运行记录和备品备件采购等。其中设备的巡视作业是及时发现问题、及时解决问题、减小事故损失的关键一环，本任务将重点介绍巡视作业的具体工作内容。

【技术模块】

一、巡视的目的

巡视就是要及时发现系统设备运行异常现象，并在安全、不影响正常运营情况下及时进行维修，以确保系统正常运营。

二、巡视方式

巡视以“望、闻、问、切、嗅”为主要手段，必要时使用仪器进行检查。

1．望

以眼观察各种照明灯具工作是否正常；指示灯指示是否正常；电流表和电压表指示是否正常；转换开关及空气开关位置是否正常；接触器和继电器及开关触点是否有电弧灼痕等。

2．闻

以耳聆听接触器和继电器线圈及灯具镇流器交流声是否正常；接触器和继电器吸合声是否正常；各类电动机及相关机械工作声音是否正常等。

3．问

询问车站值班人员及其他工作人员是否存在设备故障及故障现象等。

4．切

以手转动各开关和按动各按钮检查其功能是否正常；触摸蓄电池侧表面检查其温升是否正常；触摸各开关及电缆和电线绝缘表面，检查其温升是否正常；触摸各电动机外表面，检查其温升是否正常等。

5．嗅

以鼻嗅吸检查是否有电气烧焦臭味，机械摩擦产生的异味等。

三、注意事项

（1）为确保维修人员安全，每组巡视人员应不少于 2 人。在区间隧道巡视时，应按有关规定办理相关手续。

（2）为确保运营安全，巡视中如需要改变有关设备工作状态时，巡视人员应报知相关部门及相关人员。

（3）巡视人员应按要求填写巡视记录。

四、巡视内容

低压配电及照明系统巡视内容参见表 7-1。

表 7-1　低压配电及照明系统巡视内容

序号	设备	巡视内容	检查标准	备注
1	环控电控柜Ⅰ、Ⅱ类负荷进线柜	1．进线电源电压表 2．进线电源指示灯 3．进线电源断路器合闸、分闸指示灯	1．进线电源电压表指示 AC380V 2．进线电源指示灯点亮	故障处理： 1．电压表无指示和电源、合闸指示灯均不亮，报相关部门送电或处理 2．进线电源自动/手动投切转换开关置手动位置，则转置自动位置

续表

序号	设 备	巡 视 内 容	检 查 标 准	备　注
1	环控电控柜Ⅰ、Ⅱ类负荷进线柜	4. 进线电源自动/手动投切转换开关	3. 进线电源断路器合闸指示灯点亮（对无母联开关柜，只有1个Ⅰ、Ⅱ负荷进线电源断路器合闸指示灯点亮） 4. 进线电源自动/手动投切转换开关置自动位置	应急处理： 当进线电源断路器自投/自复功能出现故障时，值班人员应对设备进行应急处理，以及时恢复供电： 1. 检查进线电源电压表是否有电压指示，进线电源指示灯是否点亮 2. 如电压表无指示和电源指示灯均不亮，报相关部门送电 3. 如电压表有指示或电源指示灯亮，而合闸指示灯和Ⅰ、Ⅱ类负荷开关抽屉指示灯均不亮，值班人员需按压进线柜上进线断路器电动合闸按钮（进线柜上有合闸指示）操作进线断路器，恢复供电（此时合闸指示灯或部分Ⅰ、Ⅱ类负荷开关抽屉指示应点亮） 4. 如上述操作不能恢复供电，则上报相关部门通知维修人员
2	环控电控柜Ⅰ、Ⅱ类负荷母联柜	1. 母联断路器合闸、分闸指示灯 2. 母联断路器自动/手动投切转换开关	1. 母线断路器分闸指示灯点亮 2. 母联断路器自动/手动投切转换开关置自动位置	故障处理： 1. 检查Ⅰ、Ⅱ类负荷进线柜，如Ⅰ、Ⅱ类负荷进线柜不正常，报相关部门送电或处理 2. 如母联断路器自动/手动投切转换开关置手动位置，则转置自动位置
3	环控电控柜Ⅲ类负荷进线柜	Ⅲ类负荷所有电控抽屉指示灯	Ⅲ类负荷任意一个电控抽屉合闸、分闸、运行、停止指示灯之一点亮	故障处理： 报相关部门送电（所有指示灯均不亮）
4	环控电控柜各电控抽屉（除1301、CO_2 等环控Ⅰ类负荷电源抽屉外）	1. 电控抽屉合闸、分闸、运行、停止指示灯 2. 抽屉开关操作手柄 3. 环控/站控转换开关	1. 电控抽屉合闸、分闸、运行、停止指示灯之一点亮 2. 抽屉开关操作手柄置合闸位置 3. 环控/站控转换开关置站控位置（EMCS系统可正常动作情况下）	故障处理： 1. 如抽屉开关操作手柄置处非合闸位置，则试重合开关。其他报相关部门 2. 环控/站控转换开关置站控位置（EMCS 系统可正常运作情况下）
5	环控电控柜1301、CO_2 等环控Ⅰ类负荷电源抽屉	1. 电控抽屉合闸、分闸、运行、停止指示灯 2. 抽屉开关操作手柄	1. 电控抽屉合闸或运行点亮 2. 抽屉开关操作手柄置合闸位置	故障处理： 试重合开关或开机，如仍不正常，则报相关部门

续表

序号	设 备	巡 视 内 容	检 查 标 准	备　　注
6	继电柜器	1. 柜上各风阀开、关指示灯 2. 各风阀控制回路抽屉开关操作手柄； 3. 环控/站控转换开关	1. 风阀开或指示灯之一点亮 2. 环控/站控转换开关置站控位置（EMCS 系统可正常运作情况下）	故障处理： 1. 试开/关风阀，如仍不正常，则报车间轮值 2. 环控/站控转换开关置站控位置（EMCS 系统可正常运作情况下）
7	环控就地箱	1. 运行、停止指示灯 2. 就地/环控站控转换开关	1. 运行或停止指示灯之一点亮 2. 环控转换开关置环控站控位置	故障处理： 1. 检查环控电控室相应电控抽屉是否正常，如不正常则报相关部门 2. 如就地/环控站控转换开关置就地位置，则检查设备现场是否有人维修作业，否则环控/站控转换开关转置环控站控制位置
8	风阀操作	1. 风阀开、关指示灯 2. 手动/自动转换开关	1. 风阀开或指示灯之一点亮 2. 手动/自动转换开关置自动位置	故障处理： 1. 检查环控电控室相应电控抽屉是否正常，如不正常则报相关部门 2. 如手动/自动转换开关置手动位置，则检查设备现场是否有人维修作业，否则手动/自动开关转置自动位置
9	24V 防火阀配电箱	配电箱上直流电表	直流电压表指示 24V 以上直流电压	故障处理： 检查环控电控室防火阀电源抽屉是否正常，试重合开关或开机，如仍不正常则报相关部门
10	电源切换箱	1. 两个进线电源指示灯 2. 两个电源投入指示灯。两个投入/停切换开关	1. 两个进线电源指示灯点亮 2. 两个电源投入指示灯之上点亮 3. 两个投入/停切换开关置投入位置	故障处理： 1. 任意一个进线电源指示灯不亮，报相关部门送电 2. 两个电源投入指示灯均不亮，报相关部门处理 3. 如投入/停开关处于非投入位置，则转置投入位置
11	排水泵控制箱	1. 电源指示灯 2. 运行指示灯 3. 故障（过载）指示灯 4. 超水位指示灯 5. 自动/停/手动切换开关 6. 手动开泵试验：置自动/停/手动切换开关于手动，看运行指示灯是否点亮，听水泵运转声音是否正常 7. 查看水位	1. 电源指示灯点亮 2. 手动开泵，运行指示灯点亮，水泵运转声音正常 3. 水位正常	故障处理： 1. 低水位不停泵，则置自动/停/手动切换开关于停位置手动停泵，报相关部门 2. 高水位不启泵，报告 3. 超高水位不启泵，则置自动/停/手动切换开关于手动位置手动启泵，报相关部门，并现场等待维修人员 4. 手动不能启泵，报相关部门 5. 如自动/停/手动切换开关置于非自动位置，则转置自动位置 6. 其他报相关部门

续表

序号	设 备	巡 视 内 容	检 查 标 准	备 注
12	区间维修电源箱	箱门是否关闭（手动检查）	箱门关闭	故障处理： 1. 如箱门打开，则关闭并锁牢箱门 2. 如箱门损坏，则临时应急关闭箱门，报相关部门
13	车站照明（包括应急照明）	1. 灯具能否点亮 2. 灯具安装是否脱落	1. 灯具能点亮 2. 灯具无脱落	故障处理： 1. 如整排（或数量较多）灯具不能点亮，则检查照明配电室相应照明回路开关是否跳闸，如开关跳闸，试重合开关，否则报相关部门 2. 灯具不能点亮，则更换灯泡/灯管，如仍不能点亮，则报相关部门 3. 灯具脱落，临时处理，报相关部门
14	疏散诱导指示牌	1. 指示牌外观 2. 指示牌等待、充电指示灯	1. 指示牌外观无破损、牌面发亮光 2. 指示牌等待/充电指示灯点亮 3. 按压试验按钮，牌面亮光闪动	故障处理： 报相关部门
15	区间照明（包括应急照明、里程标志照明）	1. 灯具能否点亮 2. 灯具安装是否脱落、是否破损	1. 灯具能点亮 2. 灯具无脱落、无破损	故障处理： 1. 如整排（或数量较多）灯具不能点亮，则检查隧道口及照明配电室相应照明回路开关是否跳闸，如开关跳闸，试重合开关，否则报相关部门 2. 灯具脱落、破损，临时处理，报相关部门
16	区间维修电源箱	箱门是否关闭（手动检查）	箱门关闭	故障处理： 1. 如箱门打开，则关闭并锁牢箱门 2. 如箱门损坏，则临时应急关闭箱门，报相关部门
17		1. 两个回路进线电源指示灯 2. 一个交流电源指示灯 3. 一个直流投入指示灯 4. 十个故障光字牌： （1）直流母线电压太高 （2）直流母线电压太低 （3）直流母线接地 （4）电池组退出 （5）电池温度太高 （6）$1.5I_h$ 过流	1. 两个回路进线电源指示灯之一点亮 2. 一个交流电源指示灯点亮 3. 十个故障光字牌均不亮 4. 蓄电池组端电压、电压表指示电压≥210V	故障处理： 1. 两个回路进线电源指示灯均不亮，报车间轮值通知供电车间低压所送电 2. 其他报车间轮值

续表

序号	设备	巡视内容	检查标准	备　注
17	应急照明蓄电池装置	（7）$1.2I_h$ 过流及过压 （8）交流失电 （9）熔断器 （10）错序或缺相 5．蓄电池组端电压、电压表		

任务四　低压配电及照明系统的故障处理

【理论模块】

低压配电及照明系统是城市轨道交通系统机电设备的一部分，其故障（事故）处理须遵循“先通后复”的原则。任何作业均必须保证运营安全，包括行车安全、乘客安全和工作人员安全。需要在轨行区内进行的抢修作业和可能侵入轨行区的抢修作业，必须在停运后进行，尽可能减少故障（事故）对地铁正常运营的影响。

低压配电及照明系统故障处理程序如图 7-9 所示。

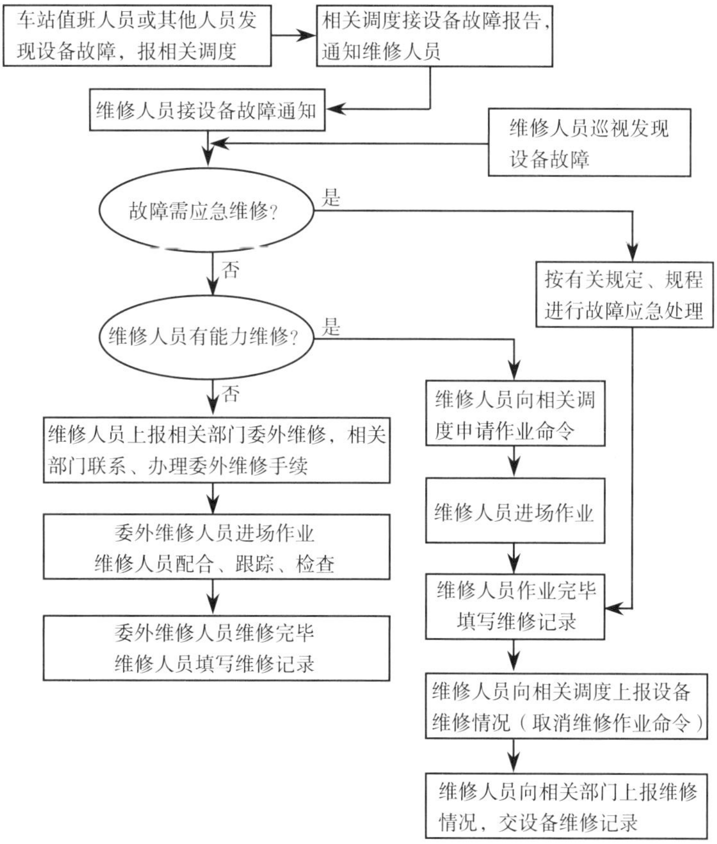

图 7-9　低压配电及照明系统故障处理程序

一、紧急故障的处理方法

1. 局部应急照明故障

（1）使用应急灯。

（2）使用活动线架或橡套电缆就近接取电源，使用手提灯或荧光灯管或碘钨灯照明。

（3）使用汽油发电动机发电，使用手提灯或荧光灯管或碘钨灯照明；或将汽油发电动机输出电源馈送至需局部应急照明场所原照明开关箱进线开关下接线柱。

2. 局部应急排水故障

（1）使用活动线架或橡套电缆就近接取电源，使用排水专用单相水泵或三相水泵进行排水。

（2）使用给排水专用柴油水泵进行排水。

（3）使用汽油发电动机发电，使用给排水专用单相水泵进行排水。

3. 隧道口雨水泵控制柜故障应急处理

当雨水泵控制柜出现故障且需作应急排水处理时，可将雨水泵电动机电源线直接接于控制柜进线空气开关下柱（注意相序及电动机转向）作排水应急处理。此时需要人工监视雨水泵运行和水位情况。

4. 车站环控室双回路电源进线自投/自复故障

正常情况下，环控电控室电控柜（一、二类负荷）由双回路进线电源同时供电（进线开关采用 ATSE 切换装置）。当其中一回路进线电源失电时，此失电回路电源进线断路器自动分断，环控电控柜由另一回路进线电源供电。当失电回路进线电源恢复供电时，备用电源断路器自动分断原失电回路进线电源断路器自动闭合，环控电控柜自动恢复双回路进线电源供电模式。

5. 回路进线电源故障

当出现下列情况时，应手动操作两回路电源进线断路器，确保系统处于正常供电状态。

（1）当其中一回路进线电源失电，失电回路电源进线断路器不能自动分断，备用电源断路器不能自动闭合时，应手动将失电回路电源进线断路器分断，将备用电源断路器闭合，确保环控电控柜（一、二类负荷）由另一回路电源供电，并查找故障原因。

（2）当失电回路进线电源恢复供电，备用电源断路器分断，原失电回路进线电源断路器闭合时，恢复环控电控室双回路进线电源供电，并查找故障原因。

二、典型故障的处理方法

（一）空气开关（或断路器）跳闸

（1）查核开关本体是否受损；

（2）查核负载设备是否故障，量测负载设备及线路绝缘；

（3）查对开关额定电流值与开关实际负载电流值，如不匹配则更换开关或调整负载；

（4）查对开关整定值（长延时倍数与动作时间、短延时倍数与动作时间、瞬动倍数与动作时间）与开关实际负载电流值及上下级开关，如不匹配则调整整定值；

（5）如核查无任何异常，可试重合开关。

（二）线路短路

（1）使用电缆故障测试仪查找短路点，绝缘处理予以恢复；

（2）沿电缆敷设路径查找异常点，绝缘处理予以恢复；

（3）如线路较长，可将电缆分段查找异常点，绝缘处理予以恢复；

（4）当异常点无法确认时，重新分段或整条敷设电缆予以替换。

（三）线路断路

（1）使用电缆故障测试仪查找开路点，重新驳接处理后予以恢复；

（2）沿电缆敷设路径查找异常点，重新驳接处理后予以恢复；

（3）如线路较长，可将电缆分段查找异常点，重新驳接处理后予以恢复；

（4）当异常点无法确认时，重新分段或整条敷设电缆处理予以替换。

（四）控制系统失灵、显示故障

（1）查核失灵、故障现象；

（2）根据控制原理查核控制系统失灵、故障原因，处理后予以恢复。

思考与练习

1. 请绘制城轨车站供电系统简图。
2. 请列举车站照明系统的负荷类型及功能。
3. 请简述城轨车站照明系统的供配电方案。
4. 请简述城轨车站低压配电及照明系统的故障处理流程。

项目八　屏蔽门系统

屏蔽门系统是安装于城市轨道交通沿线车站站台边缘，用以提高运营安全系数、改善乘客候车环境、节约城市轨道交通运营成本的一套机电一体化的设备系统，如图 8-1 和图 8-2 所示。

屏蔽门系统的使用，隔断了站台侧公共区空间与轨道侧空间，减少或避免了人员跌落轨道的安全问题及驾驶员驾车进站时的心理恐慌问题；隔离了列车运行时所产生的噪声和活塞风，保证了站内乘客良好的候车环境；避免了活塞风所造成的站内空调冷量的损失，节省了运营成本，同时还可减少设备容量及数量、减少土建工程量等投资建设成本，产生了良好的社会效益和经济效益。

图 8-1　上海地铁屏蔽门

图 8-2　广州地铁屏蔽门

学习目标

（1）了解屏蔽门系统的类型；

（2）掌握屏蔽门系统的结构及各组成部分构造；

（3）掌握屏蔽门系统的站台级控制盘的使用；

（4）能够对屏蔽门进行手动操作。

学习任务

任务一：屏蔽门的认知

任务二：屏蔽门的站台级控制

任务三：屏蔽门的手动操作

教学建议

可在具有屏蔽门仿真系统的实训室进行仿真教学，或先进行理论教学，再到地铁车站进行现场教学。

任务一　屏蔽门的认知

【理论模块】

一、屏蔽门类型

1. 从封闭形式上分类

可将屏蔽门分为闭式屏蔽门和开式屏蔽门两种类型。开式屏蔽门即安全门，又有全高和半高两种形式。

（1）闭式屏蔽门。

它是一道自上而下的玻璃隔墙和滑动门，全高一般为 2.8～3.2m，沿站台边缘和两端头设置，当屏蔽门关闭时，便将乘客候车区与列车进站停靠区完全隔离，两者之间无空气流通，故又称“全高闭式屏蔽门”。这种形式的屏蔽门一般应用于设有空调系统的地下车站，主要作用是增加车站站台的安全性、减少能耗、加强环保。

（2）半高开式屏蔽门。

它是一道上不封顶的玻璃隔墙和滑动门，全高 1.2～1.5m，较全高封闭式屏蔽门低矮，空气可以通过屏蔽门上部流通，主要目的是保障候车乘客的安全，故又称“安全门”。这种结构的屏蔽门多用在敞开式地面站台或高架站台。

（3）全高开式屏蔽门，又称全高安全门。高度一般为 2.8～3.2m，除具有保证乘客的安全的功能外，还能阻挡列车进出站的气流对乘客的影响。这种结构多用于没有空调系统的地下站台。

2. 从安装方式上分类

可将屏蔽门分为顶部悬挂式屏蔽门、底部支撑式屏蔽门和底部支撑与顶部悬挂相结合式三种类型。

（1）顶部悬挂式屏蔽门。

顶部悬挂式屏蔽门如图 8-3（a）所示。在早期应用较为广泛，整列屏蔽门的重力荷载通过门体上方横梁、立柱传到站厅底板（或站厅结构梁），由上部（站厅）结构承受。屏蔽门下部边缘与站台之间设计有吸收主体建筑不均匀沉降的间隙，在地铁运营时需定期检查、调整，带来较大维护的工作量。另外，若调整不及时，土建结构沉降时巨大的作用力可能会直接作用在屏蔽门结构上，形成永久变形。因此，此种结构的屏蔽门在各个屏蔽门生产供应商中，较少使用。

（2）底部支撑式屏蔽门。

底部支撑式屏蔽门如图 8-3（b）所示。它的特点是屏蔽门设计安装以轨道顶面为基准，所有垂直荷载通过横梁、立柱传到站台板上。主体结构的不均匀沉降由屏蔽门上方的伸缩结构吸收，在地铁运营时，无需调整。此种结构是目前普遍采用的屏蔽门结构形式。

（3）底部支撑与顶部悬挂结合式。

底部支撑与顶部悬挂结合式如图 8-3（c）所示。多用在上部结构安装部位无主体结构梁，且站台距站厅底板较高的屏蔽门工程中。屏蔽门顶部设计有钢结构，顶部钢结构重力荷载由站厅底板承受。屏蔽门重力荷载通过立柱等构件传给站台板，该结构形式多用于旧线改造工程。

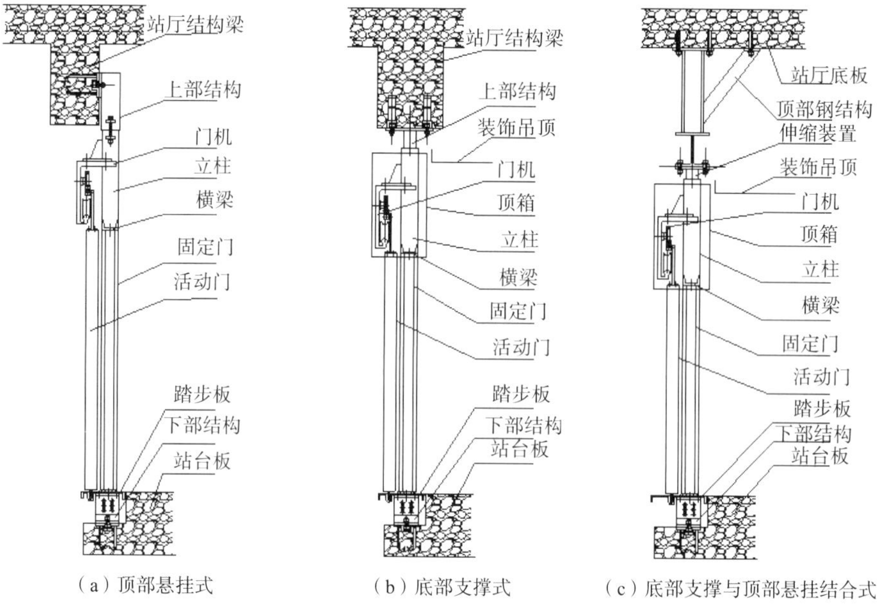

图 8-3　三种安装方式的屏蔽门

二、屏蔽门系统的构成

屏蔽门系统是机电一体化设备，集成了现代计算机控制、伺服驱动、网络技术、UPS 电源技术和精密机械技术。开式和闭式屏蔽门的组成、结构大致相同，由机械和电气两部分组成。机械部分包括门体结构和门机传动系统，电气部分包括供电和控制系统。

1. 门体结构

屏蔽门系统的门体结构框图如图 8-4 所示。

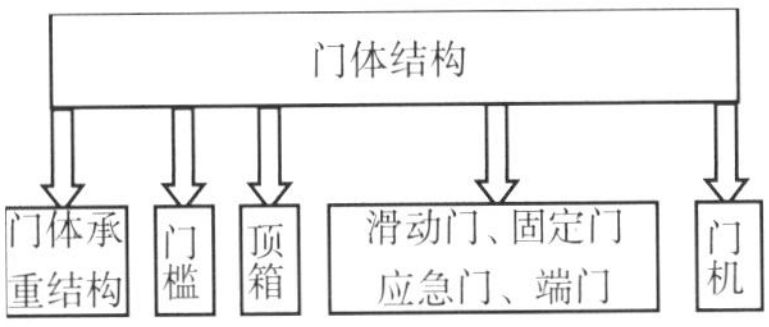

图 8-4　门体结构框图

滑动门、应急门和固定门如图 8-5 所示。

图 8-5　屏蔽门的滑动门、应急门和固定门

（1）门体承重结构。

由下部支撑组件、立柱、横梁、顶部钢结构及伸缩装置等组成，用于安装门机 、滑动门、固定门、应急门、端头门等，并承受屏蔽门的垂直载荷、隧道通风系统产生的风压、列车运行时形成的正负水平荷载和乘客挤压等荷载。承重结构一般由各种型钢加工组合而成，其可见外表面为满足外观要求均采用铝合金或不锈钢进行装饰。门体承重结构通过上下部连接结构与顶部和底部的土建结构相连。

（2）门槛。

门槛又称“踏步板”，安装在站台板边缘，上表面与站台装饰层平齐，为乘客进出地铁车厢的必经之路。门槛包括固定门门槛、应急门门槛和滑动门门槛。固定门门槛承受固定门的垂直荷载，应急门门槛和滑动门门槛承受乘客荷载。门槛结构中有滑动导槽，配合滑动门滑动。

（3）顶箱。

由前后盖板、上封板、底部装饰板、密封件等组成。置于门体顶部，内置有门驱动机构、滑动门锁紧装置、门控单元、端子排、导轨、滑轮装置、传动装置、门机梁、横梁等部件。顶箱零部件采用铝合金型材制成，具有屏蔽电磁波的作用，可以保证顶箱内电气组件的正常工作。

（4）滑动门（ASD）。

又称“活动门”，是与列车门对应的滑动开启门，是正常运行时乘客上下车的通道，有系统级、站台级、手动操作三种控制模式，手动操作优先级最高，其次为站台级控制。由钢化玻璃、门框、门吊挂连接板、门导滑板、门胶条，手动解锁装置等组成，门吊挂连接板设有滑动碳刷架，使门框通过钢轨接地。

滑动门的技术要求如下：

① 每个门单元的左滑动门上都装有手动解锁装置，在紧急状态下乘客可以在轨道侧操作解锁把手打开活动门，工作人员也可以从站台侧使用专用钥匙将门打开；

② 手动解锁力≤67N；

③ 手动将门打开所需的力≤133N；

④ 滑动门在关门过程中，在最后 100mm 行程中动能不超过 1J/扇门；

⑤ 滑动门在行程中的最大动能不超过 10J/扇门。

（5）应急门（EED）。

在正常营运时，应急门保持关闭且锁紧，作为站台公共区与隧道区域的屏障。当列车进站无法对准滑动门时，作为乘客的疏散通道，该门可向站台侧旋转开启且可 90° 定位。应急门由钢化玻璃、门框、闭门器、推杆锁等装置等组成。应急门框采用铝合金型材；应急门面板采用 8mm 钢化玻璃；应急门采用上下转轴方式固定；应急门竖框内设置有推杆锁装置；应急门设有位置信号装置，可以将门锁闭和解锁信号反馈到 PSC。

（6）固定门（FIX）。

不可开启的门体，放置在滑动门与滑动门、滑动门与端门之间，是车站与区间隧道隔离和密封的屏障。固定门由钢化玻璃、门框等构成，门框材料采用铝合金型材，门框插挂于立柱的方孔内，门框与立柱之间设有橡胶减振垫，安装方便，可拆卸更换。固定门高度与滑动门一致。

（7）端门（MSD）。

端门布置于站台两端，与站台边屏蔽门垂直，结构与应急门基本一致，安装有紧急推杆锁。

正常运营状态，端头门保持关闭且锁紧，当列车在区间隧道发生火灾或故障时，作为乘客的疏散通道，也是车站工作人员进入隧道的专用门。端头门可向站台侧旋转 90° 平开，且在打开后能自动复位关闭；端头门配有位置开关，其状态由位置最靠近的门控单元监控；端头活动门净开度尽量保证 1200mm，困难情况下保证 900mm。

2. 门机构成

门机传动系统由门控单元、传动装置、驱动装置和锁紧装置等组成。

如图 8-6 和图 8-7 分别为门机的立面图和剖面图。

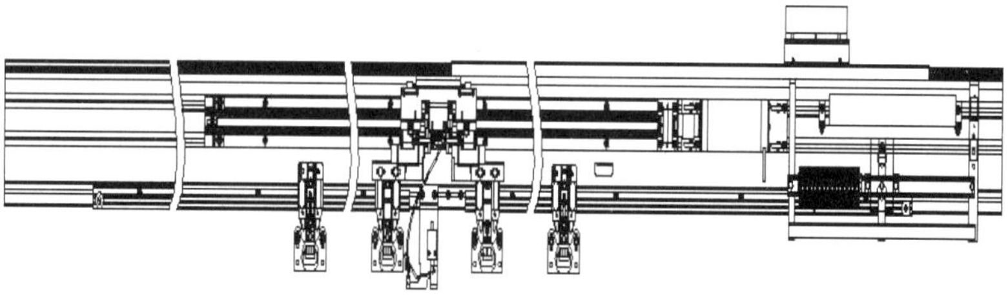

图 8-6 门机立面图

（1）门控单元（DCU）。

门控单元如图 8-8 所示，是门机系统的核心，具有自诊断功能，并且对滑动门的整个运行过程进行制动和加速控制。

门控单元有电子式、气动式等多种类型，随着计算机技术、微电子技术、电子功率器件技术的发展，现代的门控单元采用计算机控制电子式门控单元，配置有模式转换开关接口、手动测试接口、门头闸锁接口、两路冗余现场总线接口、关键信号硬线接口、配套电动机电缆接口，具备自诊断功能，能与维护计算机连接，可进行测试、组态编程维护，实现了信息化、智能化及集成网络控制。

站台屏蔽门各门控单元的序号排列为：从列车进站端开始数起，依次为 1，2，3，…，号门单元。

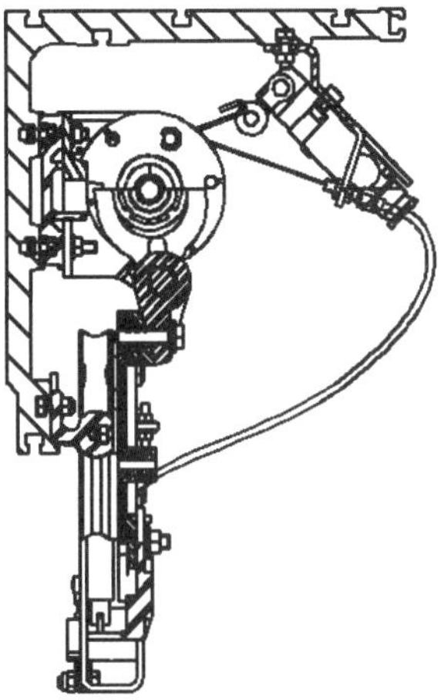

图 8-7　门机剖面图

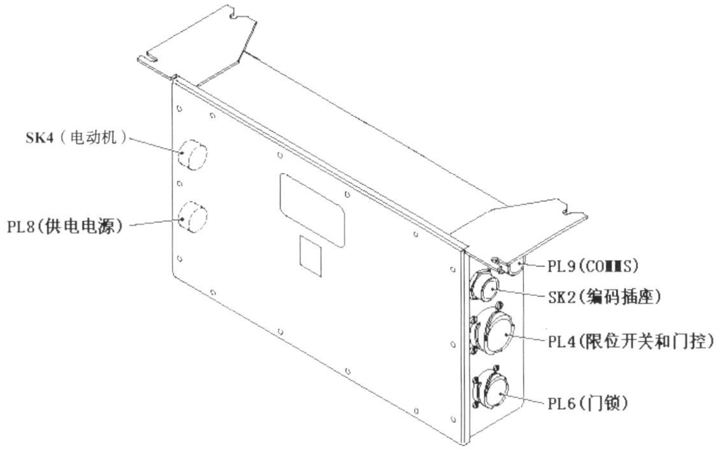

图 8-8　门控单元

（2）传动装置。

门机传动装置由一个传动螺杆与球形螺母系统组成。螺杆由三个安装在门机梁上的轴承支撑，依据门扇运动的方向分为左旋和右旋；每个单元配有一个电动机驱动装置；螺杆通过弹性联轴器连接在电动机上。

（3）电动机与减速箱组件。

目前，多数屏蔽门都采用直流无刷伺服电动机、直流伺服电动机等微特电动机进行驱动，每台电动机都带有霍尔传感器或光电编码器，由 DCU 采用脉宽调制技术进行控制，或使用矢量控制技术，实现闭环控制及位置控制。减速箱用于减速及提高输出驱动力矩。

（4）传动副。

它是电动机与减速箱组件输出轴至门扇的传动机构，一般有皮带/齿轮式和螺杆式两种传动方式。

① 皮带/齿轮式：由齿型橡胶皮带、滑轨及惰轮组成，是门机内机械传动部件，实现牵引门扇运动；非对称门设有变速齿轮组为窄型门扇提供对应比例速度，以实现宽窄两门扇动作同步。

② 螺杆式：电动机与减速箱组件的输出轴经联轴器与丝杆连接，丝杆的螺距体现传动链上的变比，丝母与被驱动门扇刚性连接。

（5）锁紧装置。

锁紧装置设计简易，锁定/解锁系统不需要另外的驱动力，包括闭锁检测开关（2 个）、手动解锁检测开关（2 个）、解锁电磁铁、凸轮（2 个）和门锁支架。

（6）应急门检测开关。

用于检测应急门开关状态，输入至 DCU，以及构成门单元的关闭与锁紧信号。

（7）金属电缆槽。

金属电缆槽包括通信线路线槽、控制线路线槽和电源供电线路线槽，位于顶箱之上。

3. 控制系统

（1）PEDC——屏蔽门主控制器，如图 8-9 所示，实现系统内部信息的收发、采集、汇总和分析，并实现与系统内部 PSL、PSA、DCU 各单元之间及与系统外部的机电设备控制系统、信号系统之间的信息交换。

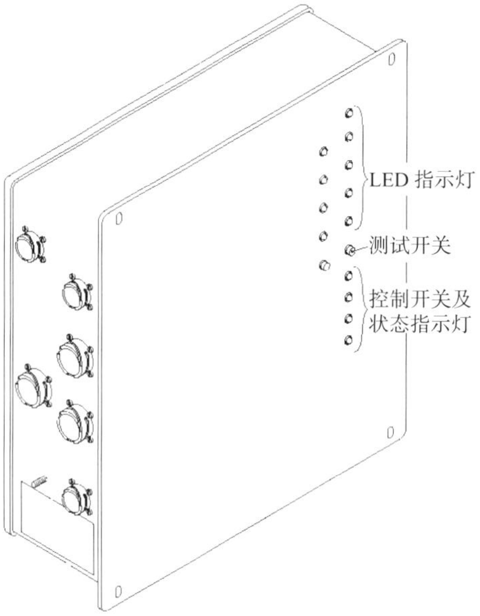

图 8-9　屏蔽门主控制器 PEDC

（2）PSL——屏蔽门站台操作盘，用于实现站台级控制，其外观及面板如图 8-10 所示。

（3）PSA——屏蔽门系统监视器，经双路 RS-485 与 PEDC 连接，用于监视屏蔽门状态、诊断屏蔽门故障状态、运行记录下载、软件装载等。

（4）控制回路：包括 PSL ENABLE 继电器、火灾模式控制回路、控制变压器、CAN 总线、LonWorks 网络、RS-485 通信线等。

4. 电源

（1）驱动电源。

驱动电源设备包括高频开关电源机柜、蓄电池柜及配电柜，主要是为门机提供稳定的电源。正常情况下，高频开关电源将三相交流电转换为直流 100V 电源，一方面对蓄电池组进行浮充电，另一方面给屏蔽门的门机供电。三相 380V 电源均发生故障时，由蓄电池组对门机供电。蓄电池的容量满足交流断电后完成开/关屏蔽门至少三次要求，为车站人员提供应急处理的时间。

（2）控制电源。

控制电源设备包括 UPS（含蓄电池）、AC/DC 转换模块等，控制电源采用 UPS 为屏蔽门系统的控制设备，如屏蔽门主控制器（PEDC）、屏蔽门站台操作盘（PSL）等提供电力需求。当外部电源中断供电时，能为屏蔽门控制回路提供不少于 30min 的后续供电，为车站人员提供应急处理的时间。

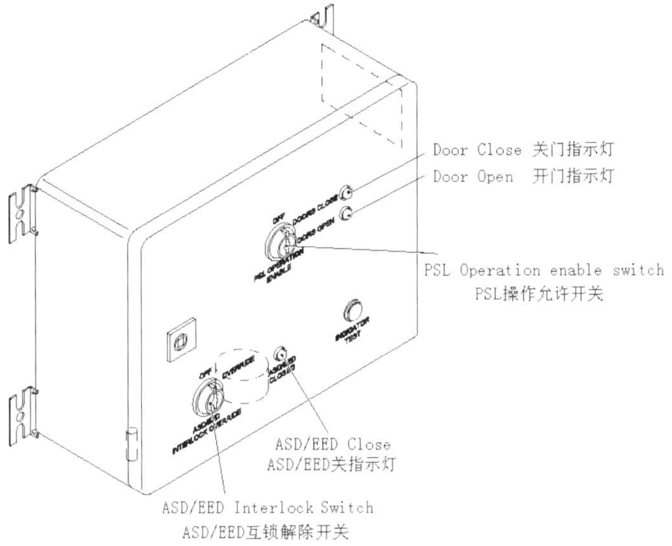

图 8-10　屏蔽门站台操作盘 PSL

（3）配电柜。

配电柜包括系统总开关、主隔离变压器、门单元分路负荷开关、各控制回路工作电源开关和车站低压配电接地保护等。

（4）接地与绝缘。

上下安装支架设有绝缘套，使屏蔽门金属构件，包括门槛、立柱、门机铝箱、盖板等，通过接地线与轨道连接，使屏蔽门金属构件与列车车体等电位。站台侧靠屏蔽门边缘 2m 范围内设有绝缘地板。

5. 与信号系统的接口

屏蔽门系统应为每侧站台提供一组与信号系统连接的接口，信号系统发给屏蔽门系统“开门”及“关门”命令，当所有屏蔽门锁闭，且闭锁信息被反馈给信号系统时，信号系统才允许列车离站。若其中有一个屏蔽门单元没有锁闭，则不能给出锁闭信息。为保证运营，可以通过解除与信号系统的互锁来使列车正常发车。

三、屏蔽门系统的控制模式

屏蔽门系统有系统级、站台级和手动操作（或称人工操作）三种控制模式。系统级控制即是执行信号系统命令的控制模式；站台级控制即是执行站台 PSL 操作盘发出命令的控制模式；手动操作即是站台工作人员在站台侧用专用钥匙或由乘客在轨道侧推动解锁装置打开滑动门。此外，屏蔽门系统还设有火灾控制模式，在相应的火灾模式下，车站值班人员可于车站控制室操作消防联动盘控制屏蔽门紧急开关，配合打开全部滑动门，疏散乘客和配合环控系统排烟。上述控制模式的控制优先权从高到低依次为手动操作模式、火灾控制模式、站台级控制模式、系统级控制模式。

屏蔽门系统设有障碍物检测功能，如滑动门关闭时检测到障碍物，会后退作短暂停止以释放夹到的障碍物，然后再次关闭，从而避免夹伤乘客。

屏蔽门系统与车站机电设备控制系统之间设有通信接口，用于传送屏蔽门系统运行状态及故障诊断信息系统，便于车控室人员、维修人员监视屏蔽门状态。

在站台监控亭设有屏蔽门系统监控器 PSA，工作维修人员可在此 PSA 上监控屏蔽门系统运行状态，查看/下载屏蔽门系统运行历史记录。

【拓展模块】

在一些地面站及不需考虑冷气流失节能问题的地下车站，为了避免乘客等车时不慎掉下站台，可以安装安全门系统。安全门系统由可以开启的滑动门和不能开启的固定门两个部分组成，门体高度一般为 1.2～1.5m，具有安全、便利的优点。滑动门与列车门一一对应，列车进站并停稳后，滑动门会与列车门同时打开，乘客上下列车后，滑动门又会与列车门同时关闭。如图 8-11 所示为某地铁站的安全门。

图 8-11　某地铁站的安全门

任务二　屏蔽门的站台级控制

【理论模块】

屏蔽门的站台级控制即是执行屏蔽门站台操作盘 PSL 发出的命令的控制模式。PSL 一般设在站台端墙屏蔽门外方，如图 8-12 所示。

屏蔽门控制系统如图 8-13 所示。

在正常运行模式下，屏蔽门处于系统级控制状态。根据车辆驾驶模式的不同，屏蔽门有两种控制方式。

（1）第一种控制方式：当地铁车辆采用人工驾驶模式或自动驾驶模式但仍由驾驶员完成开关门操作时，地铁车辆到站停车在允许的误差范围内，信号系统接收到地铁车辆到站停车信息，向屏蔽门主控制器（PEDC）发出开门指令，PEDC 将开门指令传输给门控单元（DCU），屏蔽门进行解锁开门操作。车门还是由驾驶员发出开门指令进行开启控制。当地铁车辆准备发车时，驾驶员发出关门指令，车门首先关闭，同时，该指令由车辆信号系统通过信号设备传递给车站信号系统，再由车站信号系统（SIG）通过屏蔽门主控制器（PEDC）传递给门控单元（DCU），进行关屏蔽门的操作。

（2）第二种控制方式：当地铁车辆采用完全自动驾驶模式，即由 ATO 自动完成开关门操作时，将由信号系统自动检测地铁车辆到站停车信息，然后分别给地铁车辆门控系统和屏蔽门单元控制器发出开门指令，自动完成车门和屏蔽门的开门操作。当地铁车辆停站时间到时，信号系统（SIG）发出允许关门的指令，地铁车辆门和屏蔽门自动关闭。

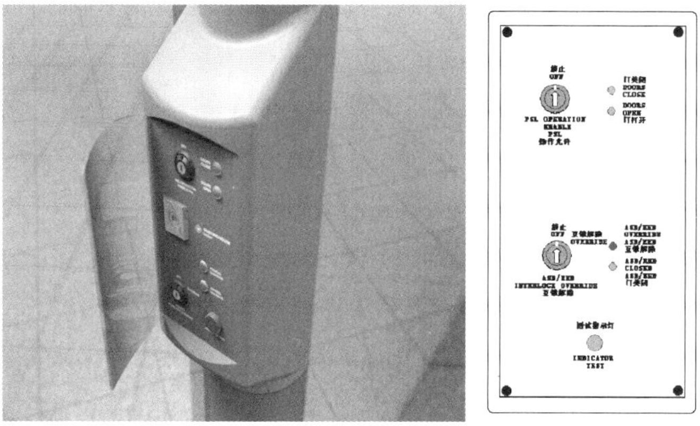

图 8-12　屏蔽门站台操作盘 PSL

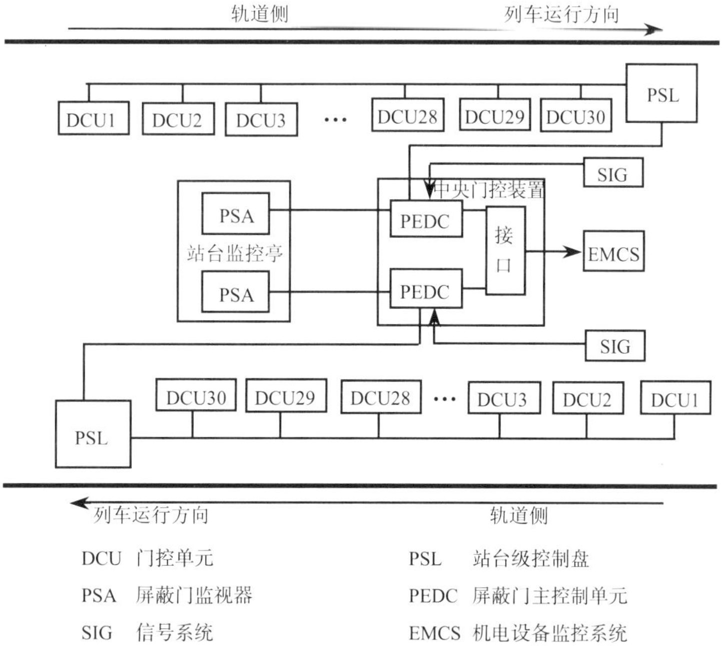

图 8-13　屏蔽门控制系统

当出现屏蔽门与信号系统通信故障等问题，PEDC 无法接收信号系统指令进行自动开、关门操作时，就需要由站台工作人员通过操作站台端部的 PSL 控制盘进行屏蔽门的打开和关闭操作。

【实操模块】

[实训任务]

屏蔽门的站台级控制。

[实训目的]

熟悉屏蔽门站台操作盘 PSL 的使用方法。

[实训要求]

能够熟练使用屏蔽门站台操作盘 PSL 对屏蔽门进行站台级控制。

[实训环境]

具有屏蔽门的地铁车站或具有屏蔽门仿真系统的仿真实训室。

[实训指导]

屏蔽门的站台操作盘 PSL 的面板结构如图 8-10 所示。

1. 屏蔽门的站台级控制

（1）将钥匙插入“PSL 操作允许开关“，初始位置为“OFF”位。

（2）开门时，顺时针转动钥匙至“PSL Operation enable”位并停留 4s（不得拔钥匙），滑动门打开，“Door Open”灯亮。滑动门完全打开后，“Door Open”灯灭，屏蔽门头灯常亮，开门操作完成。

（3）关门时，接 1 点操作，逆时针旋转钥匙至“Door Close”并停留 4s（不得拔钥匙），滑动门开始关闭，“Door Close”灯亮，屏蔽门头灯闪亮，滑动门完全关好后，“Door Close”灯灭，“ASD/EED 关”指示灯亮，关门操作完成。

（4）关门操作完成后，旋转钥匙至“OFF”位，再拔钥匙。

2. 屏蔽门关闭后无法发车的故障处理

当屏蔽门全部关闭，但列车自动控制系统因无法确认屏蔽门全部关闭且锁闭信号而不能发车时，由列车司机用钥匙打开 PSL 控制盘上的“操作允许开关”，再用钥匙打开 PSL 盘上的“ASD/EED 互锁解除开关”，即切除列车关门控制电路中的屏蔽门互锁控制环节，然后司机再次执行关列车门操作，列车门即可关闭。

任务三 屏蔽门的手动操作

在系统级控制和站台级控制均出现故障时，就必须由站台工作人员用钥匙打开滑动门或乘客使用手动解锁把手自行开启屏蔽门。

（1）滑动门手动操作是当系统级控制和站台级控制均不能操作屏蔽门，或个别屏蔽门操作机构发生故障时需要进行的操作。在站台侧由站台工作人员用钥匙打开滑动门；在轨道侧，由列车司机通过车内广播，通知乘客使用滑动门上的手动解锁把手（或按钮），如图 8-14 所示，自行开启轨道侧滑动门的手动解锁把手打开屏蔽门。

（2）当列车无法在规定范围内停车，且偏移量较大，导致乘客无法从滑动门进出时，需对应急门进行手动操作。在站台侧由站台工作人员用钥匙打开应急门，或在轨道侧，由列车司机通过广播指导乘客压推杆锁，打开应急门。

（3）当隧道内发生火灾、列车出轨等情况，需要在轨道内停车时，可由乘客压推杆锁或由站台工作人员在站台侧用钥匙手动打开端门，将乘客通过端门疏散到站台。

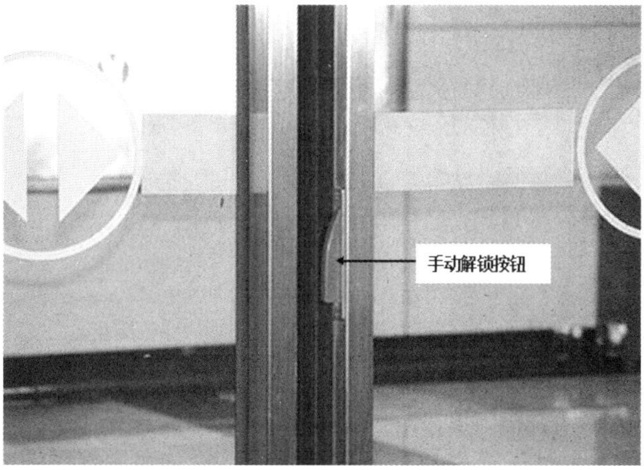

图 8-14　滑动门的手动解锁按钮

【实操模块】

[实训任务]

屏蔽门的手动操作。

[实训目的]

熟悉屏蔽门的手动操作方法。

[实训要求]

（1）屏蔽门的结构组成。

（2）屏蔽门的手动操作方法。

[实训环境]

具有屏蔽门的地铁车站站台。

[实训指导]

屏蔽门的手动操作步骤如下所述。

一、手动开门

（1）将钥匙插入需手动打开的滑动门（应急门、端门）的锁孔，顺时针旋转 90°，如图 8-15 所示。

（2）将两扇滑动门用力向两边推开（应急门和端门朝站台方向拉开），拔出钥匙，门头灯亮。

（3）关门时，将钥匙插入需手动关闭的滑动门（应急门、端门）的锁孔，逆时针转 90°，用力推拉两扇门至关闭，门头灯灭，拔出钥匙。

图 8-15 滑动门（应急门、端门）的锁孔

二、滑动门及应急门互锁解除的操作

当屏蔽门与信号连锁发生故障时，站台工作人员需通过 PSL 盘进行互锁解除操作。

（1）接车时，站台工作人员首先将“PSL 操作允许开关“打到”Close“位，再用钥匙将”ASD/EED 互锁解除开关“转至”互锁解除允许“位并保持，以便列车进站。确认列车到站停妥后松开钥匙开关。

（2）发车时，站台工作人员确认无夹人、夹物，开启的屏蔽门已做好安全防护后，用钥匙将“ASD/EED 互锁解除开关”转至“互锁解除”位置并保持，以便地铁车辆关门发车。确认列车驶出安全区段（列车尾部离开轨道电路 S 棒）后松开钥匙开关。

（3）取出钥匙并带走。

三、滑动门故障隔离操作

（1）当某扇滑动门出现故障不能关闭时，用方孔钥匙将屏蔽门上方的“模式开关”转至“隔离”位（向左边旋转），隔离该扇门。

（2）排除故障后，再将将该扇门的“模式开关”切换到“自动”位（中间位置），将门恢复为自动控制模式。

（3）取出钥匙并带走。

四、屏蔽门紧急控制开关操作

车站控制室内设有操作屏蔽门的紧急控制开关。当发生火灾时，车站工作人视具体情况可经授权操作此开关打开或关闭屏蔽门。

（1）将钥匙插入屏蔽门紧急控制开关。

（2）转到开门位置，整列屏蔽门将打开。

（3）转到关门位置，将整列屏蔽门关闭。

五、屏蔽门故障处理原则

（1）发生屏蔽门故障时，应坚持“在确保安全前提下，先发车后处理”的原则，确保站台乘客人身安全及维持正常的运营秩序。

（2）需要人工手动打开单个或多个屏蔽门时，车站必须征得行调同意，先将门隔离，关闭电源，并密切注意站台旅客信息屏显示的列车到站时间，当显示“列车即将到达”信息时必须停止操作。

（3）对不能关闭的滑动门，必须设置安全防护栏或安排专人看护。专人看护时，原则上每个人只监护五趟相邻屏蔽门。

思考与练习

1. 请简述站台屏蔽门主要作用。
2. 请简述站台屏蔽门有哪些形式、分别适用于什么场合。
3. 请简述站台屏蔽门主要由哪几部分组成。
4. 请简述站台屏蔽门的控制形式有哪几种，优先级怎样。
5. 试简述站台屏蔽门的故障隔离操作步骤。

项目九　机电设备控制系统

机电设备控制系统是以计算机为基础的自动化系统，通过计算机系统对所控设备的运行情况进行实时监控与动态跟踪分析，同时根据运营要求对这些设备的运行发出相应的指令进行动态调整。系统主要由工作站、服务器、各种设备控制器、终端设备、交换机及网络系统组成，对通风空调系统、消防报警系统、给排水设备、自动扶梯、照明设备、屏蔽门系统等的运行状态进行实时监控；对设备的运行进行远程控制；对空调系统进行节能控制；在火灾发生的情况下，可接收 FAS 系统的报警信号，自动控制所有设备转入防灾工作模式，控制排烟风机、通风机、气体灭火装置、消防水系统协调工作，以保证人员和设备的安全。

对于“机电设备控制系统”的翻译，各地铁公司有所不同，如南京地铁公司翻译为 Building Automation System（BAS）；广州地铁公司翻译为 Electrical and Mechanical Control System（EMCS）；还有的翻译为 Main Control System（MCS）。本书采用 BAS 的翻译方式。

系统的设计原则：安全、可靠、节能。

系统的架构：BAS 系统一般分为中央级、车站级和就地级三个层次。

本项目将主要以南京地铁 BAS 系统为例，对 BAS 系统的组成、控制原理、操作及管理进行详细介绍。不同公司的机电设备控制系统可能会存在一些差异，但系统的基本功能及操作大同小异。

学习目标

（1）了解 BAS 系统的功能、系统架构、设备组成及控制流程；

（2）能够识别 BAS 系统的操作界面；

（3）能够利用 BAS 系统操作界面对空调、照明等系统进行系统级控制；

（4）能够通过 BAS 系统界面监控电/扶梯系统和安全门系统的工作状态；

（5）能够通过 IBP 盘实现火灾时设备的紧急控制。

学习任务

任务一：BAS 系统的认知

任务二：BAS 系统操作界面的使用

任务三：BAS 对空调系统的模式控制

任务四：通过 IBP 盘实现火灾时设备的紧急控制

教学建议

可在具有 BAS 仿真系统的实训室进行仿真教学，或先进行理论教学，再到地铁地下车站车控室进行现场教学。

任务一　BAS 系统的认知

【理论模块】

BAS 系统原意为建筑楼宇自控系统，该系统应用到轨道交通，实现城市轨道交通系统机电设备、消防报警设备按预先规定的规律自动地进行远程控制。

如图 9-1 所示为地铁控制中心 OCC 到地下车站的 BAS 系统结构图。选择地下车站是因为地下车站设备齐全，而高架车站由于不需要通风、照明等设备，因此设备较少，系统结构相对简单些。

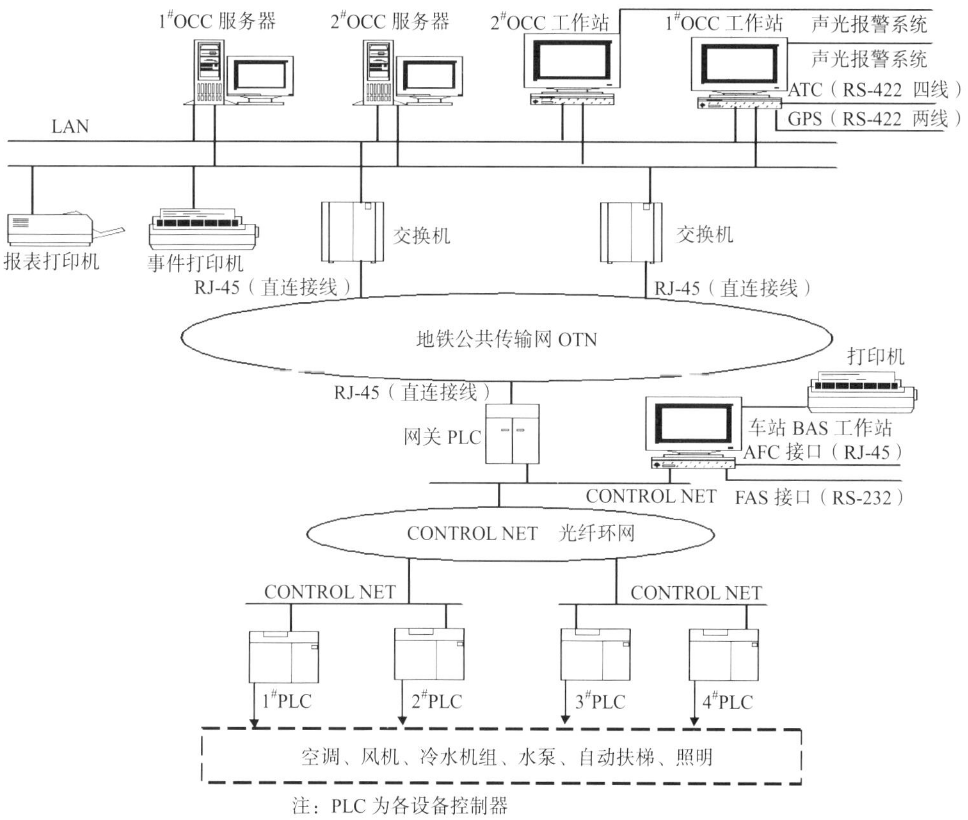

图 9-1　地铁控制中心 OCC 到地下车站的 BAS 系统结构图

一、系统功能

BAS 系统采用中央级和车站级二级管理制度，能够实现中央级、车站级和就地级三级控制，中央级与车站级信息传递通过 OTN 地铁公共传输网完成，车站级与就地级的通信通过局域网实现，如图 9-1 所示。

1. 中央级控制

中央级设备位于控制中心大楼内，配置有操作工作站、大屏幕显示屏、网络交换机、服务器等设施，其主要功能：监视全线各站通风、空调、制冷、给排水、扶梯等车站设备的运行状况；监控隧道通风系统，并在需要时向相关站发布命令，完成环控通风模式的转换；及时显示危险水位及主要设备故障状态；记录全线各车站典型测试点的温度、湿度；记录统计全线环控主要设备的累积运行报告并给出维修警报；文件管理和打印定期报表；与相关系统，如 ATS 信号系统、FAS 系统及主时钟系统，交换有关信息。

2. 车站级控制

车站级位于各站内的车站控制室，配置有操作员工作站，模拟显示屏等设备，其主要功能：监视站内及所辖区间隧道内的通风、空调、制冷、给排水、扶梯、照明等车站设备的运行状态；协调站内各设备的动作，并可以完成参数修改、模式调整等人工干预（在密码级别允许的情况下）；显示危险水位及设备的故障报警；接收站内典型测试点的温度、湿度，并通过 OTN 网传输至中央级设备；接收 FAS 的信息，切换环控设备运行与火灾模式；通过模拟显示屏下部设置的按钮，完成紧急状态下的车站设备模式操作；在中央密码授权下，向相关车站发布命令，完成隧道通风紧急控制模式。

3. 就地级控制

就地级由挂于各站内的设备旁的控制箱组成，其完全独立的特点使其能在同车站通信中断的情况下，仍能对相关设备进行控制，是系统最后一级的控制保障。

二、BAS 系统与其他系统的接口

BAS 系统是一套全功能的自动控制系统，它与其他系统的接口很多，其中主要有以下几个接口。

1. ATS 接口

BAS 系统在中央级设置列车自动监视 ATS 的接口。用于传递由 ATS 指定出的列车隧道内堵车信号，启动系统执行相应的通行模式。

2. FAS 接口

BAS 系统在车站级和中央级均设置同防灾报警系统 FAS 的接口，用于接收 FAS 系统传来的火灾信号，使环控设备协调运行于火灾运行模式。

3. 主时钟接口

在中央级设置与主时钟的接口，用于接收通信系统主时钟信号，用以同步 BAS 系统内部各子系统。

系统的拓扑结构种类较多，有集散形、星形、环形等多种结构，实现设备的远程控制和协调工作。

三、系统的控制原理

BAS 系统对设备的监控，即系统内部数据处理流程框图如图 9-2 所示。

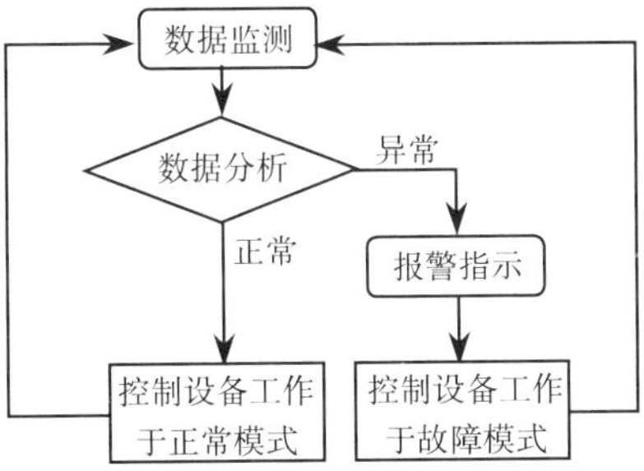

图 9-2　BAS 系统的控制原理框图

1．数据监测

所谓数据监测就是采集过程数据，把数据转换成具有明确物理意义的值，再把它存储在主存储器的整个过程。所监测的数据既可以是模拟量，也可以是数字量。另外，在采集到过程数据之后，还要将原始数据转换成实用工程单位。

由于过程变量与时间一一对应，所以计算机保存的过程变量与实时时间必定有关，一般只把最新值存储在主存储器中，因为只有这些值才直接决定下一步的控制动作。在利用数据之前，必须保证数据的合理性。为此往往需要检查所采集数据的有效性，排除可能出现的干扰、传输差错、敏感元件故障、电缆或终端故障等（这些故障一般表现为开路或短路、输出零电压或高电压）。

2．报警指示

报警显示一般有三种形式。

（1）为预测二进制输入状态在何时达到报警条件，不断地监测状态输入。发生报警时，各报警点向系统操作员报告，同时一直维持报警，直到系统操作员删除为止，但不指出产生报警的原因。

（2）对每一个模拟量输入通道设置上限和下限，如果测量值超越限值，该测量值又有效，则报警。这些报警信号同样要保存起来，直到操作员把它删除为止。

（3）用于几个测量值组合的极限检查和报警。如在空调装置中，设定开关 S_1,S_2,S_3 开，S_4 关，则产生报警。报警信号可以是几个变量的函数或几个被测变量的逻辑组合。

3．数据显示和分析

计算机采集到的设施数据和分析所得的数据可以以各种形式向操作人员显示，如打印记录、模拟工况图、灯光显示板等。应该说计算机显示功能的强项就是图形显示，并以时间为坐标变量。操作人员可查看任意时间下的工况反映、一段时间的工况变化规律和未来可能出现的变化趋势。

对所采集到数据，计算机系统可以通过一定的数学方法，如回归分析法、相关分析法等，进行大量的实时分析。

4．设备控制

系统计算机用于控制相关设备的途径或技术模式包括开关控制、顺序控制、反馈控制、直接数字控制、监督控制、预测控制、自适应控制和最优控制等多种形式。

（1）开关控制是最简单的控制方式。它主要是根据实现设定的时间状态值，到时自动从一个规定工况切换到另一个规定工况，也可由操作人员手动操作进行工况或条件的转换。此外，开关控制也可用于间歇循环和负荷切除程序。前者是使设施有规律地启停，后者可自动卸掉负荷。由于开关控制只使用开关器件而不使用模拟器件，控制接口比较简单。但它有一个致命的缺点是使设施从一个极端状态走向另一个极端状态，缺乏可调性。

（2）顺序控制是按预定顺序切换被控设备，以连续的开关动作来控制一组输出点。动作顺序通常与实时时基有关。

（3）反馈控制是连续控制中最简单的一种形式，它是根据被控设备的状态变化值的大小来决定该工况的可能调整值，即控制变化值随偏离目标值的大小而变化，偏差越大，所需调整的差值也就越大。

（4）直接数字控制是利用数字计算机来实施控制规律。其基本原理是将输入的模拟信号转变成计算机的数字信号进行机内处理，然后把处理的结果或输出指令从数字信号再转变为模拟信号以驱动执行机构对所控设备进行动态控制。

（5）监督控制是利用计算机进行计算，并把计算结果输出给模拟控制器，作为模拟控制器的给定值。此时计算机只是间接控制器，而真正实施控制的仍然是模拟控制器，一旦计算机出现故障，现场控制器将按原有给定值继续运行。

（6）预测控制是按照事先确定的过程控制模型对运行中的设施进行实时动态控制。此时，过程控制模型的准确性就显得尤为重要。一旦发现过程控制模型与实际运行工况出现较大偏差时，应及时对该模型进行修正，以保证必要的拟和度。

（7）自适应控制就是通过适时修改控制程序的参数或假定，以改善控制程序性能的方式使控制过程始终能正确而及时跟上实际工况变化。因此自适应过程实际上就是参数的自适应调整。

（8）最优控制是利用动态规划中的最优解模型找出被控参数的最优值和其存在的边界条件，使所控设备按照数学上的最优方案实施工况变化控制。

【实操模块】

上海地铁一号线车站设备自控系统

上海地铁一号线车站设备自控系统主要用于对车站环境控制设备及相应环境的控制，以保证车站处于一个相对舒适的环境中，以便为乘客提供良好的服务。

一、系统功能

（1）监控车站环控设备的运行。环控设备，包括各类风机、风门等，主要分布在车站站厅层两端的环控机房，通过自控系统在车站控制室计算机上集中显示、控制、记录这些设备的运行状态及故障报警。

（2）监视车站各类排水泵的运行及超高水位报警。车站的废水泵、污水泵、出入口集水泵分散在车站的各处，在相邻两个车站之间的区间隧道有废水泵房。自控系统在车站控制室集中显示水泵的运行状态，并对水泵的运行时间进行累计。当水池水位超过超高水位时，计算机发出报警信号。

（3）监视地下车站环境温度和湿度。地下车站基本上在一个封闭空间内，主要靠通风系统维持空气的新鲜和流通。自控系统自动检测通风系统的新风、回风、送风的温度和湿度，在计算机屏幕上显示。

（4）监视空调系统设备。以车站回风温度为被控对象，调节冷冻水三通阀的开度，控制进入冷凝器和回流的冷冻水流量比例。

（5）执行火灾工作模式。当火灾发生时，自控系统会接收防灾报警系统发来的报警信号，根据火灾发生的不同位置，按照自控计算机中编制的程序，完成站厅、站台的通风排烟控制。

二、系统组成

上海地铁一号线设备自控系统主要由车站控制室、环控机房和电控室、水泵房等部分组成，如图 9-3 所示。

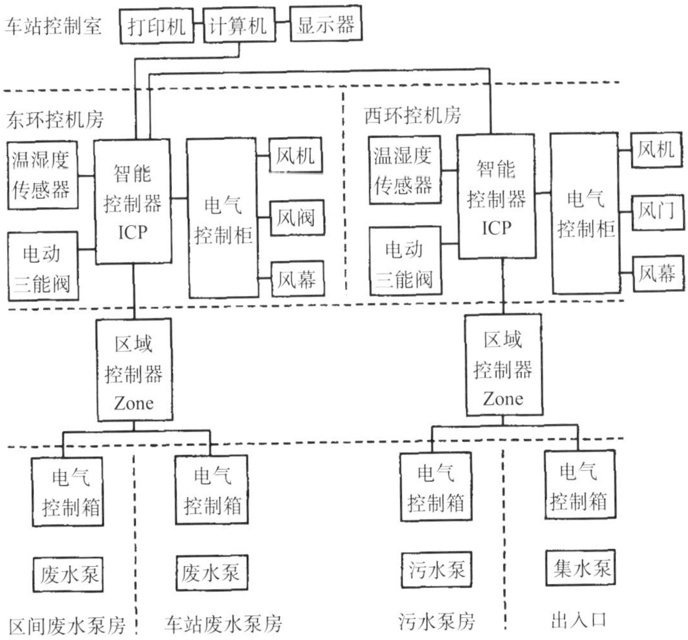

图 9-3　上海地铁一号线设备自控系统结构示意图

车站控制室是监控中心，车站控制室设备包括计算机工作站、显示屏、打印机、不间断 UPS 电源和声光报警器等，机电值班人员可以从计算机屏幕上观察各种设备的运行情况，并进行指挥操作。

环控机房和电控室设备包括智能控制器 ICP、电气控制柜、温度传感器、各种控制阀，以及风机。

水泵房设备包括电气控制箱和各种水泵。

【拓展模块】

BAS 系统中信息的检测

在车站，设备控制体系要求测量的信息可分为室内环境检测；能源利用检测；工作设施检测和消防、保安检测等。

一、室内环境检测

室内环境检测的目的在于检测用于车站及其服务设施的控制策略或控制方法是否达到预期效果，主要包括：空间温度、空气流速和通风率、相对湿度、空气污染程度、照明度等。在车站内工作或等待乘降的人员对室内温度、相对湿度和新鲜空气输入等工作环境，都希望达到令人满意的舒适范围。如就室内温度和相对湿度而言，分别要求在 23～27℃和 30%～60% RH 之间。一般是将实际检测得到的环境衡量指标与事先设定的舒适度衡量指标进行动态比较，一旦出现明显的指标偏差，计算机系统即指示相关执行机构对有关设备的运行状态作出参数或工况调整，以保证实际现场环境在设定的允许的指标值范围内波动。

二、能源利用检测

能源检测的目的是依据设备型号和车站建筑面积，跟踪监视消耗和它们的利用状况。检测的内容主要包括：电量总计量、电量分计量、燃气计量、燃气分计量、供水量，供水温度、蒸汽压力、蒸汽供应量等。这些项目的检测不仅在于对能源消耗的实时动态掌握，而且还在于对所供电、燃气、水等能源质量的监控。

三、工作设施检测

工作设施检测的目的在于确定维护要求，使相关设施能有效地运行，保证正常的控制命令，为设施控制提供数据。设施检测的主要内容有设施状态、机械状态、运行时间、转换操作、电源电压、过程检测与控制、生产检测与控制。其中设施状态是指服务设施、照明设施等是否处于失效状态（出现故障或带病运行），对这些情况进行自动检测就能及早采取补救措施，避免设施在连锁机构失灵的情况下继续运行。检测设施的运行趋势可预测在何时可能出现失效状态，及时采取补救措施，就能减少失效状态的出现次数。

四、消防、保安检测

这些检测的目的在于及早获得火灾、保安报警和支援信息。检测的主要内容为进入车站人员的占有率、人员识别、远距离监视、车站空间和管道温度、烟尘度等。

在从检测现场获得数据和进行数据分析的同时，也需要由计算机向相关设备发送控制指令，驱动这些设备按一定的要求工作。一般计算机必须驱动的设备包括：

（1）继电器和接触器，用来开关电器设备、风机、水泵、压缩机等；

（2）电动调节风门，包括开关型和全调制型两种；

（3）调节阀，也有开关型和全调制型两种；

（4）闭环控制器。

前三项设备是要求计算机对服务设施实现直接控制，第四项设备则是利用计算机通过常规控制器对服务设施实现监督控制。

任务二　BAS 系统操作界面的使用

本节以南京地铁一号线南延线BAS系统为例,详细介绍BAS系统操作界面的使用方法。

【实操模块】

[实训任务]

BAS 系统操作界面的使用。

[实训目的]

熟悉 BAS 系统操作界面的使用方法。

[实训要求]

（1）熟悉 BAS 系统操作界面的结构。

（2）熟悉 BAS 系统操作界面的使用方法。

[实训环境]

具有 BAS 系统的地铁车站或具有 BAS 仿真系统的仿真实训室。

[实训指导]

指导老师先进行介绍和操作演示，学生再进行实操训练。

一、BAS 系统软件的启动

在启动 BAS 系统之前必须先打开操作员工作站。在开机时必须输入具有操作权限的用户名和密码，才能启动计算机。

BAS 系统软件的启动分自动启动和手动启动两种情况。

如果在安装软件时设置为开机自启的话，则在开机后，当计算机操作系统启动完成后，BAS 系统会自动启动并运行所需的软件。如果没有设置自动启动，则在计算机启动完成后，双击桌面上图标，即可手动启动 BAS 系统所需软件。

二、界面结构

1. 主界面

车站 BAS 监控系统主界面如图 9-4 所示，可划分为标题栏（最上部一栏）、工作区（中部大部分区域）、报警信息提示栏、主功能区（最下面一栏）等区域。

2. 登录

① 单击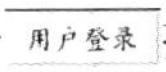

按钮，弹出如图 9-5 所示的对话框。

车站站务人员在使用 BAS 系统时，第一步应使用车站操作员级别的用户名及密码登录，要注意不得向其他人员泄露密码。BAS 系统将记录下每个登录者的操作过程；在使用完毕后，应注销用户。

图 9-4 BAS 监控系统主界面

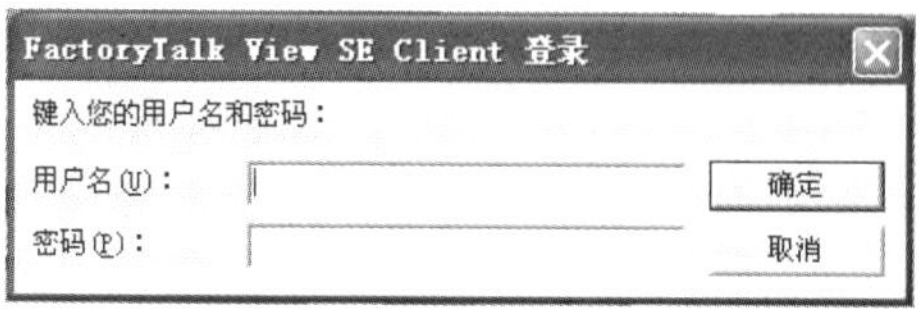

图 9-5 BAS 监控系统登录界面

3. 报警提示栏

显示当前报警日期和时间。

显示未确认报警总数。

查询报警内容。

放置“报警消音”按钮，用于“关闭”、“打开”声音报警。

放置“确认报警”按钮，对报警信息进行确认。

放置“查看汇总”按钮，用于查看所有报警信息，如图 9-6 所示。

图 9-6 BAS 监控系统主界面报警提示栏

4. 主功能区

放置系统界面切换按钮，单击想要查看的系统按钮即可进入相应系统界面。其中包括：网络图、平面图、空调系统、排水系统、照明导向、电扶梯、传感器、暖通模式、照明模式、时间表、其他，如图 9-7 所示。

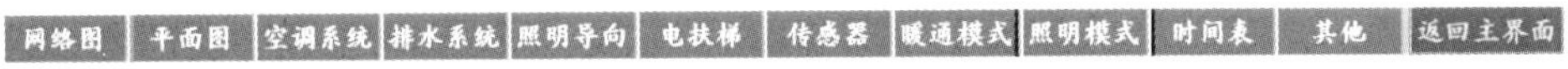

图 9-7　BAS 监控系统主界面主功能区

三、设备图形

1. 单体设备控制优先级

单体设备控制优先级参见表 9-1。

表 9-1　单体设备控制优先级

优 先 级	控 制 状 态
1	就地
2	PC 控制
3	自动控制

2. 风机（单速风机，双速风机，变频风机）

当风机正常运行时，图标中心的叶片转动；当风机发生故障时，图标为黄、灰闪烁；当风机停止时，图标中心叶片停止。当风机被设置为非自动模式时，相应风机图形旁边出现“就地”“车站”“OCC”字样，“就地”表示设备处于就地控制状态，“车站”表示设备处于车站手动控制状态，“OCC”表示设备处于 OCC 手动控制状态。

单击相应的风机图形可对所选设备进行操作。

（1）普通风机（单速风机、双速风机）图示说明参见表 9-2。

表 9-2　普通风机图示说明

编　　号	典型图素状态	说　　明
1		图标中心叶片停止，表示风机停止
2		图标为黄、灰闪烁，表示风机故障
3		图标中心叶片转动，表示风机运行

（2）变频风机图示说明参见表 9-3。

表 9-3　变频风机图示说明

编　　号	典型图素状态	说　　明
1		表示风机停止
2		表示风机故障
3		表示风机运行

（3）轴流风机图示说明参见表 9-4。

表 9-4 轴流风机图示说明

编　　号	典型图素状态	说　　明
1		表示风机运行
2		表示风机故障
3		表示风机停止

（4）射流风机图示说明参见表 9-5。

表 9-5 射流风机图示说明

编　　号	典型图素状态	说　　明
1		表示风机运行
2		表示风机故障
3		表示风机停止

3. 空调机组

当空调机组正常运行时，图标叶片转动；当空调机组发生故障时，图标为红色；当空调机组停止时，图标叶片停止。当空调机组被设置为非自动模式时，相应空调机组图形旁边出现“就地”“车站”“OCC”字样。“就地”表示设备处于就地控制状态，“车站”表示设备处于车站手动控制状态，“OCC”表示设备处于控制中心手动控制状态。

单击相应的空调机组图形可对所选设备进行操作，空调机组图示说明参见表 9-6。

表 9-6 空调机组图示说明

编　　号	典型图素状态	说　　明
1		表示过滤网报警中
2		表示空调机组故障
3		表示空调机组过载
4		表示空调机组运行
5		表示空调机组停止

4. 阀门（风阀，水阀）

当阀门被设置为非自动模式时，相应阀门图形旁边出现“就地”、“车站”、“OCC”字样，“就地”表示设备处于就地控制状态，“车站”表示设备处于车站手动控制状态，“OCC”表示设备处于 OCC 手动控制状态。

单击相应的阀门图形可对所选设备进行操作。

（1）开关型电动组合风阀图示说明参见表 9-7。

表 9-7 开关型电动组合风阀图示说明

编　　号	典型图素状态	说　　明
1		风阀完全打开

续表

编　　号	典型图素状态	说　　明
2	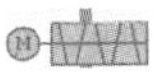	风阀完全关闭
3	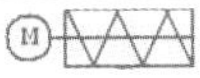	风阀报警

（2）开关调节型电动组合风阀图示说明参见表 9-8。

表 9-8　开关调节型电动组合风阀图示说明

编　　号	典型图素状态	说　　明
1	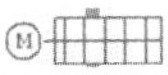	风阀完全打开
2	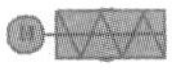	风阀并未全开/关，存在开度
3	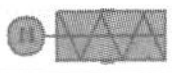	风阀完全关闭
4		风阀报警

（3）电动蝶阀图示说明参见表 9-9。

表 9-9　电动蝶阀图示说明

编　　号	典型图素状态	说　　明
1		打开，开度显示 100%
2		完全关闭，开度显示 0%
3		超时故障

5. 照明配电箱

（1）照明配电箱图标。

照明配电箱分为工作照明配电箱、广告照明配电箱、节电照明配电箱、区间照明配电箱和导向照明配电箱五种，在 BAS 监控界面上的图标如图 9-8 所示。

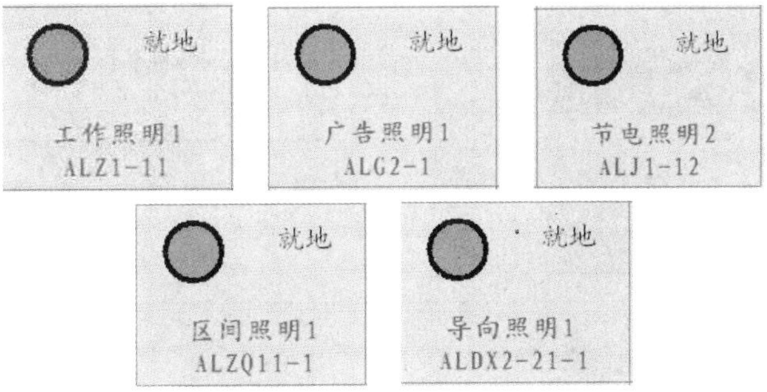

图 9-8　BAS 监控界面上五种照明配电箱的图标

（2）设备代号。

照明配电箱的设备代号命名原则，如图 9-9 所示，如“ALZ1-11”表示站台层 11#工作照明配电箱。

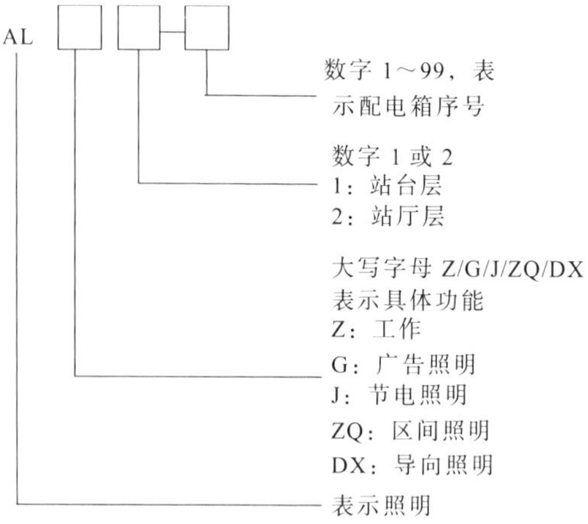

图 9-9　照明配电箱设备代号组成

（3）操作说明。

单击监控界面上相应的照明配电箱图标可对所选设备进行操作。如图 9-8 所示的照明配电箱，处于就地，分闸状态。“就地”字样用于指示该照明配电箱处于“就地”控制状态还是“BAS”控制状态；“”部分用于描述工作照明处于“合闸”还是“分闸”状态，当灯为绿色，表示配电箱合闸，灯为灰色，表示配电箱分闸。

6. 水泵

水泵图示说明参见表 9-10。单击相应的水泵图形可对所选设备进行操作。

表 9-10　水泵图示说明

编　　号	典型图素状态	说　　明
1	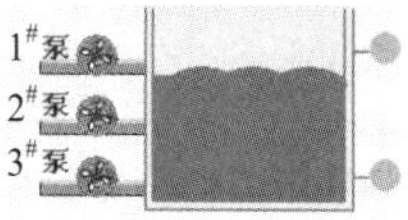	该水池内安装有三台水泵
2		该水池内安装有两台水泵
3	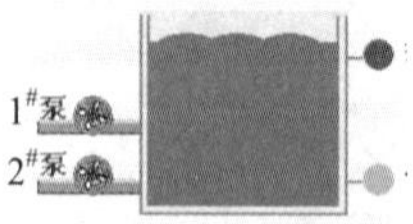	表示水位超高报警
4		正常水位
5		表示水位超低报警
6		表示水泵停止

续表

编　号	典型图素状态	说　明
7		表示水泵故障
8		表示水泵运行

7．垂直电梯

单击相应的垂直电梯图形可对所选设备进行操作。

通过单击电梯图形，可以弹出电梯属性框，查看电梯运行状态，如图 9-10 所示。

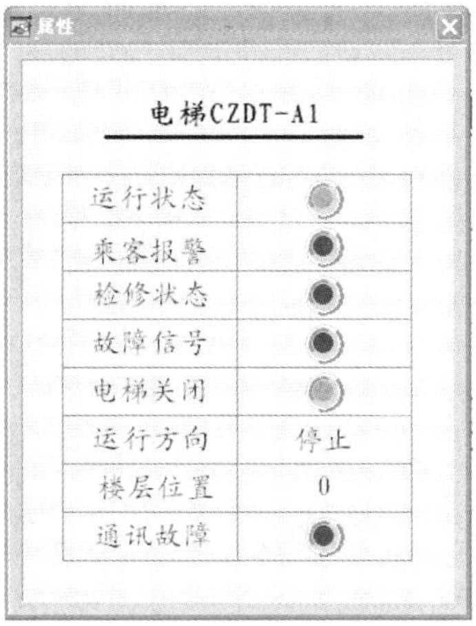

图 9-10　BAS 监控界面上垂直电梯属性框

8．扶梯

扶梯图示说明参见表 9-11 所示。

单击相应的扶梯图形可对所选设备进行操作。

表 9-11　扶梯图示说明

编　号	典型图素状态	说　明
1	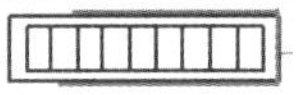	扶梯处于停止状态
2	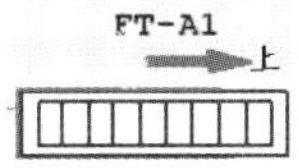	扶梯处于上行状态
3	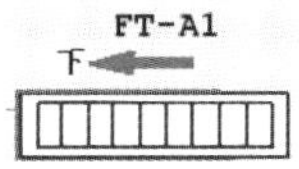	扶梯处于下行状态

9．其他设备

车站 BAS 系统负责监控的其他设备还包括冷却水泵、冷却水塔、冷水机组、后备空调等，其图示说明参见表 9-12 所示。

单击相应的图形可对所选设备进行操作。

表 9-12　BAS 系统中其他设备图示说明

编　号	典型图素	说　明
1		冷却水泵
2		冷却水塔
3		冷水机组

四、各系统的监控界面

1．总网络系统监控界面

车站 BAS 控制系统总网络系统监控界面如图 9-11 所示，可显示综合控制室，南北两端环控室的 BAS 系统网络布局。单击 A 端 RI/O 或 B 端 RI/O，可进入 A 端远程网络监控界面或 B 端远程网络监控界面。

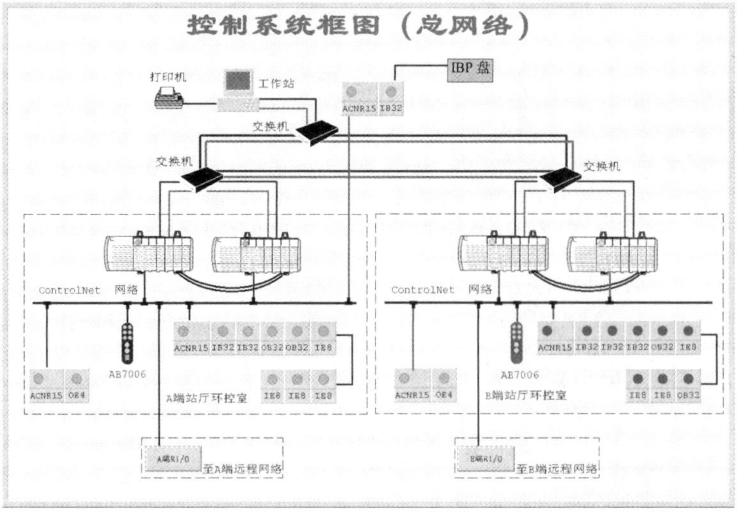

图 9-11　车站 BAS 控制系统总网络监控界面

2．环控系统监控界面

环控系统主要包括车站大空调系统、车站小空调系统、空调水系统和隧道通风系统。

（1）车站典型空调大系统监控界面。

车站典型空调大系统监控界面如图 9-12 所示。

操作注意事项：

车站主送/排风机启动前需将与其连锁的风阀打开；

风阀关闭前需将其与连锁的送/排风机关闭。

（2）车站典型空调小系统监控界面。

车站典型空调小系统及其通风系统的监控界面如图 9-13 和图 9-14 所示。

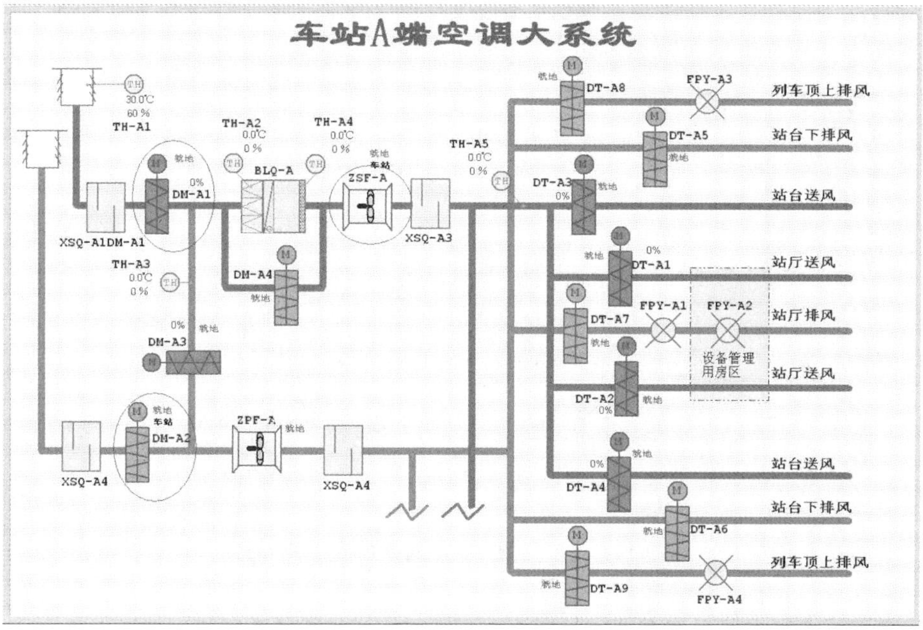

图 9-12　车站典型空调大系统监控界面

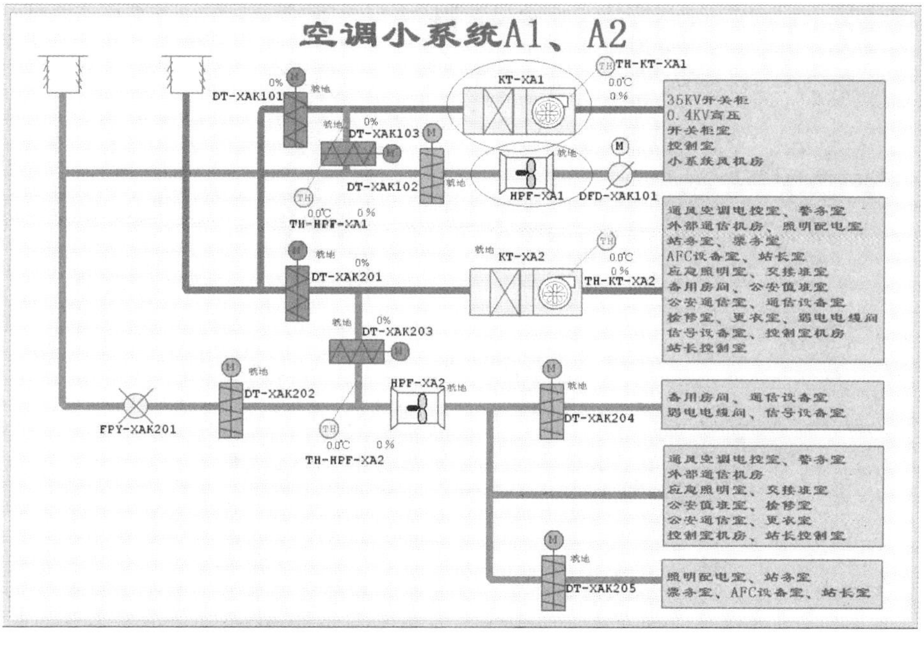

图 9-13　车站典型空调小系统监控界面

操作注意事项：

空调机组启动前需将与其连锁的风阀打开；

所有小系统送/排风机启动前需将其与连锁的风阀打开。

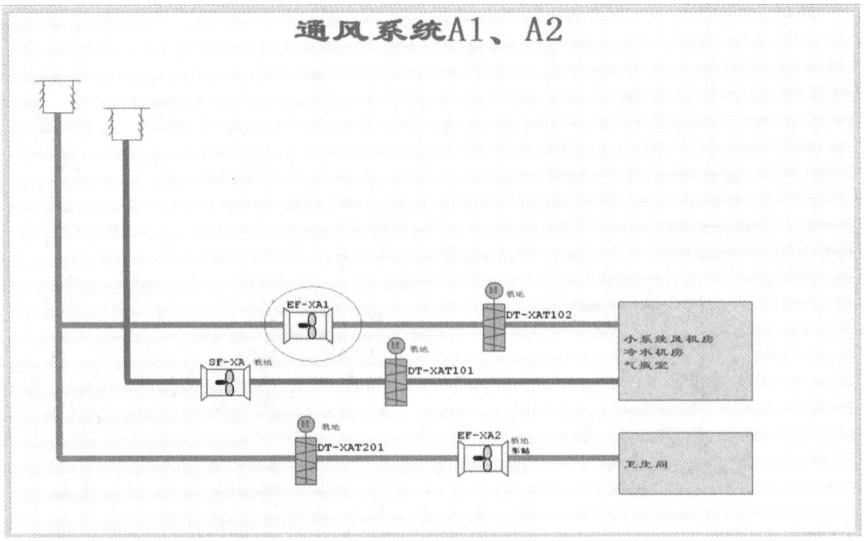

图 9-14 典型空调小系统通风系统监控界面

（3）车站典型空调水系统监控界面。

车站典型空调水系统监控界面如图 9-15 所示。

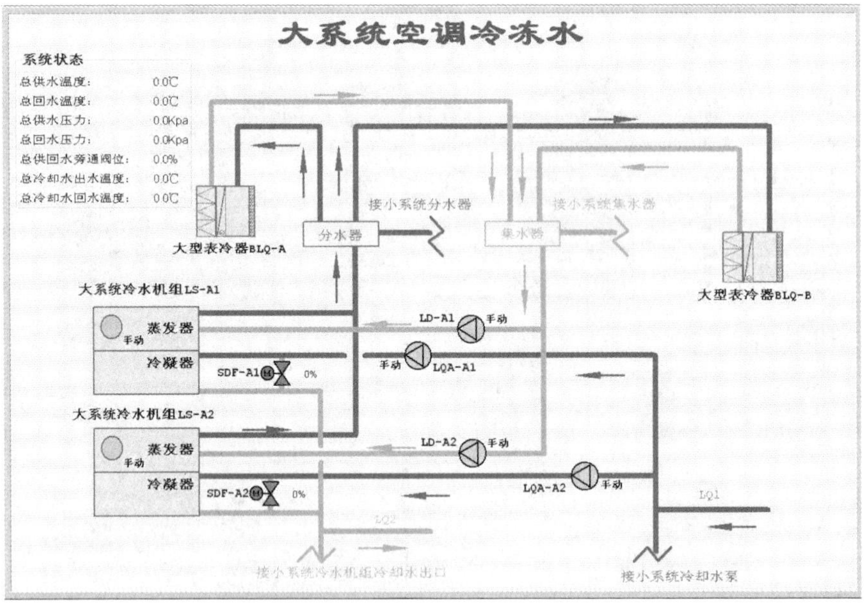

图 9-15 车站典型空调水系统监控界面

（4）典型隧道通风系统监控界面。

车站和区间隧道通风系统监控界面如图 9-16 所示，主要显示事故风机、区间射流风机的当前状态。

操作注意事项：

风机启动前需将其与连锁的风阀打开；

风阀关闭前需将其与连锁的风机关闭。

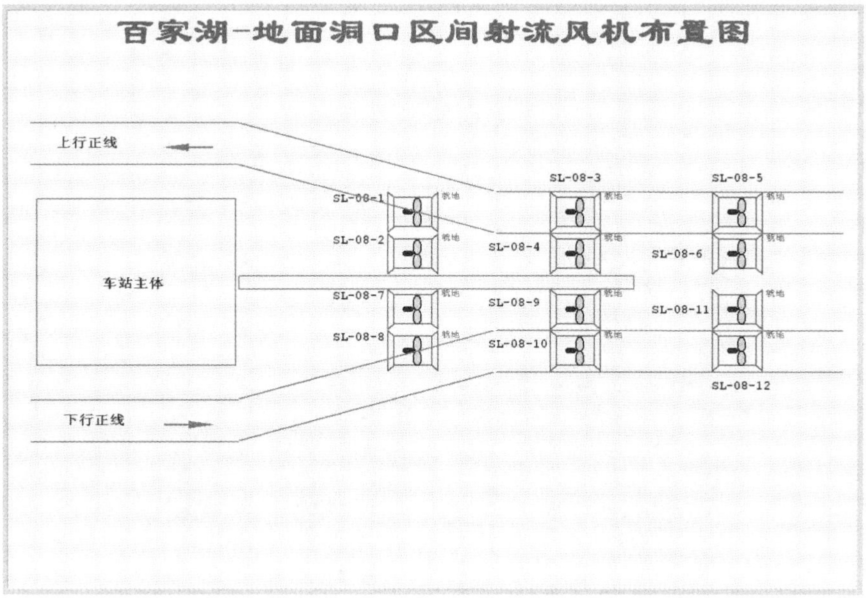

图 9-16　典型隧道通风系统监控界面

3．给排水系统监控界面

车站给排水系统监控界面如图 9-17 所示，主要显示废水池、污水池、区间排水池及相关排水泵、污水泵的运行状态。

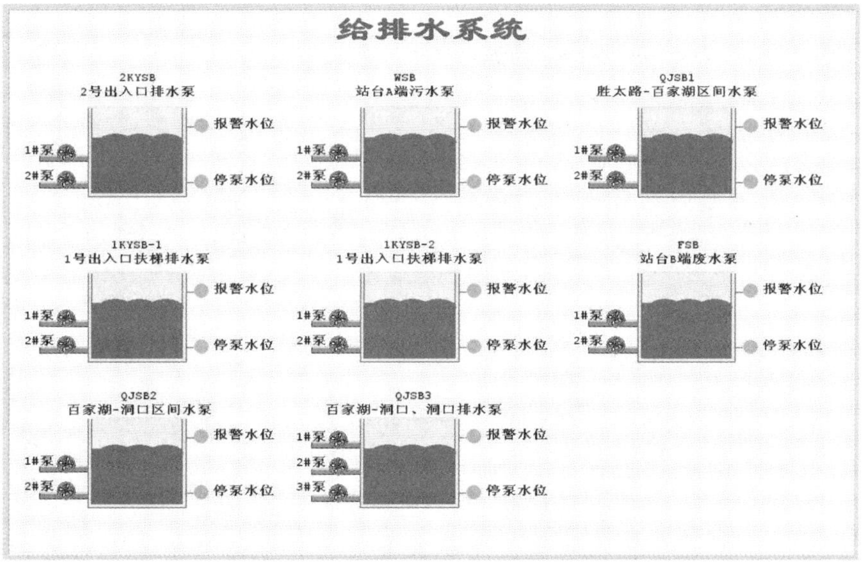

图 9-17　车站典型给排水系统监控界面

4．典型照明系统监控界面

照明系统包括：车站照明、导向照明、广告照明和区间照明。

（1）车站典型照明系统监控界面。

车站典型照明系统监控界面如图 9-18 所示，主要显示车站各照明分区的照明设备运行状态。

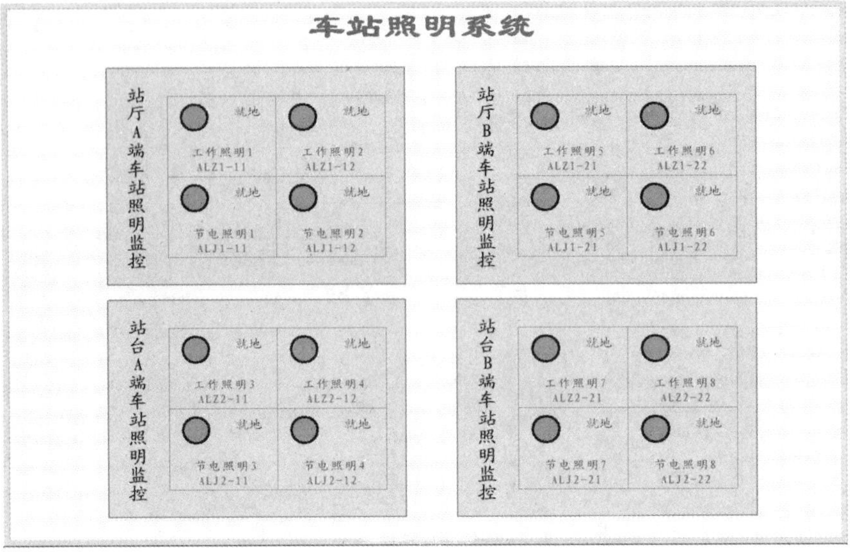

图 9-18 车站典型照明系统监控界面

（2）典型导向照明系统监控界面。

车站典型导向照明系统监控界面如图 9-19 所示，主要显示车站各导向分区的导向设备运行状态。

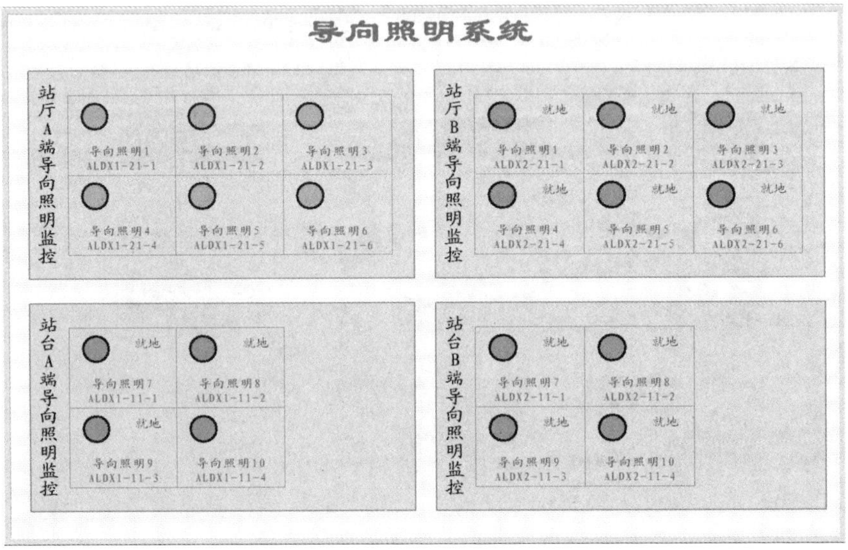

图 9-19 车站典型导向照明系统监控界面

（3）典型广告照明系统监控界面。

车站典型广告照明系统监控界面如图 9-20 所示，主要显示车站广告照明设备运行状态。

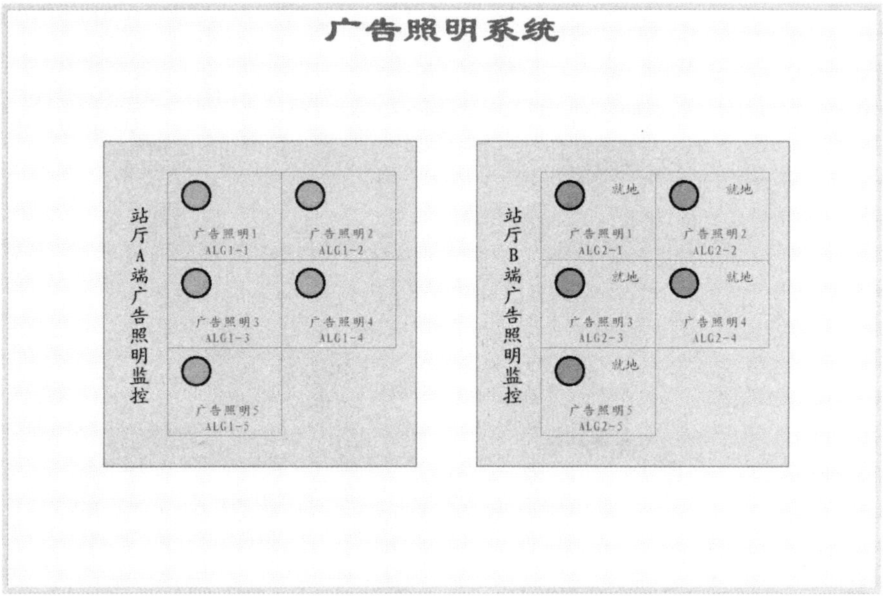

图 9-20 车站典型广告照明系统监控界面

（4）典型区间照明系统监控界面。

车站典型区间照明系统监控界面图 9-21 所示，主要显示车站区间照明设备运行状态。

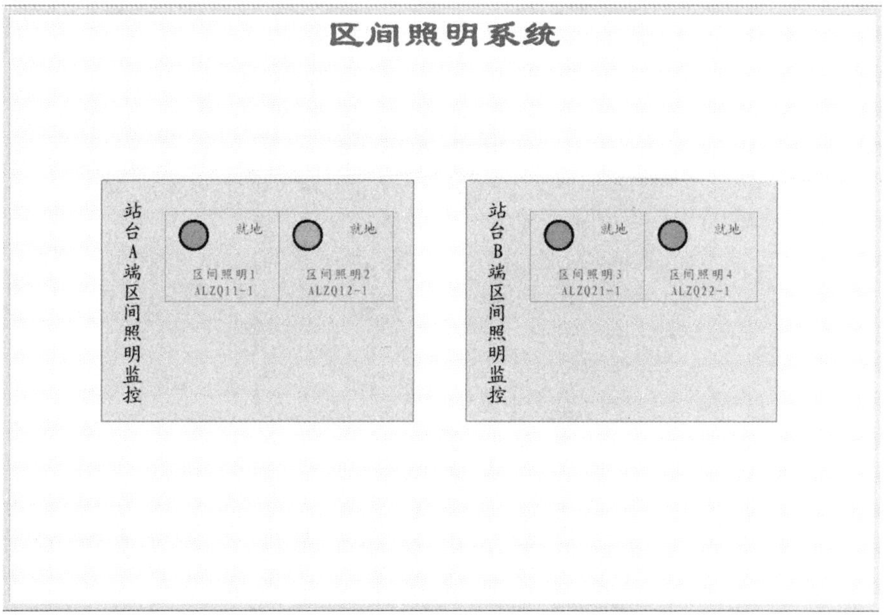

图 9-21 典型区间照明系统监控界面

5. 典型电扶梯监控界面

典型电扶梯监控界面显示车站各个电扶梯、电梯当前的运行状态，如图 9-22 所示。

注意：BAS 监控屏对电扶梯、电梯只监视其运行状态，不进行控制操作。

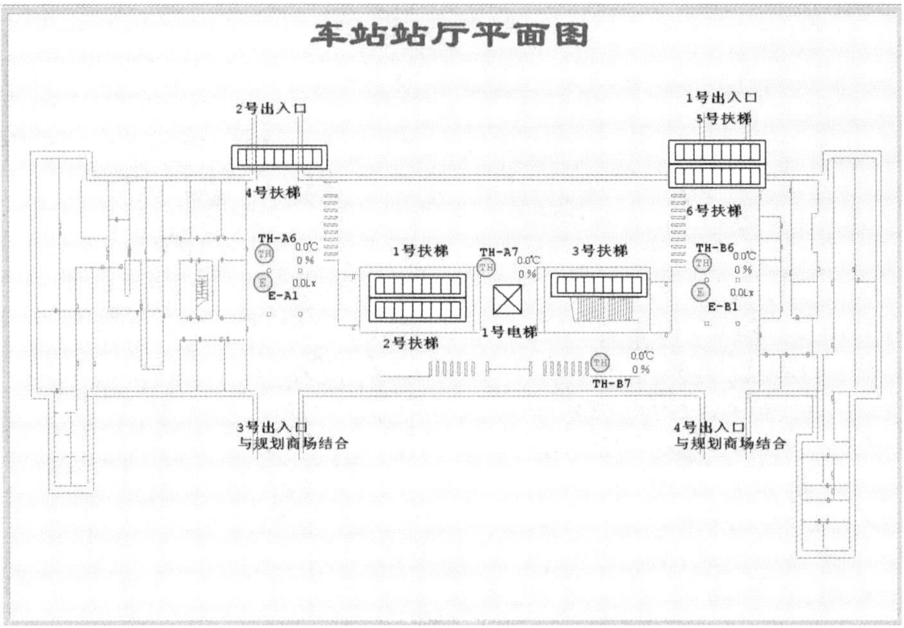

图 9-22　车站典型电扶梯监控界面

在电扶梯系统监控界面中，单击电梯或扶梯图形，可监视电梯或扶梯的相关参数，如图 9-23 所示为扶梯参数监控界面。

图 9-23　扶梯参数监控界面

6．典型 PSD 系统监控界面

典型 PSD 系统状态监控界面如图 9-24 所示，显示车站各安全门当前的运行状态。

注意：BAS 监控屏对 PSD 系统只监视其运行状态，不进行控制操作。

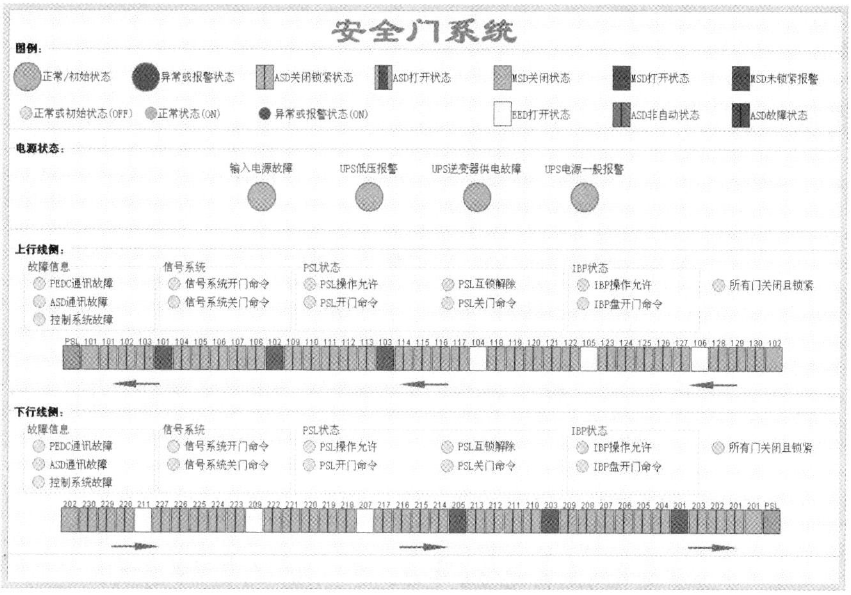

图 9-24　车站典型安全门系统监控界面

五、用户权限

对于车站 BAS 系统软件，具有参观者、操作员和管理员三级管理权限，其中最高等级权限为管理员。

1．参观者

参观者用户拥有最低等级的权限。包括：

可以查看设备界面，观察设备状态；

不能操作设备；

不能更改时间表、变更模式等；

不能修改用户名和密码，不能增减用户、变更用户权限；

不能退出系统。

2．操作员（OP）

操作员可以对系统进行正常操作。包括：

参观者的所有权限；

可以手动操作设备；

可以变更时间表，手动发出模式变更；

可以修改自己的密码，但不能修改用户名，也不能增减用户，不能变更用户权限；

不能退出系统。

3．管理员

管理员拥有系统的最高权限。包括：

操作员的所有权限；

可以增减用户，变更用户名，变更用户权限，修改任何用户的密码；

退出系统。

六、日常操作事项

（1）交接班时应首先打开 Factorytalk View SE，即桌面图标，查看系统软件是否运行正常，大、小空调系统目前的运行模式。

（2）查看 FAS 与 BAS 之间的通信是否正常。

（3）浏览 Factorytalk View SE 各界面，看运行是否正常、流畅。

（4）浏览界面时，按照目前大、小空调系统的运行模式，判断设备是否运行正确。

（5）对于处于就地、车站手动、OCC 手动的设备，应向交班人员或环调、机电人员询问清楚原因；待正常后，恢复自动状态。

【拓展模块】

设备报警级别定义及报警的处理原则

一、报警级别的定义

当 BAS 系统发现系统出现事故或故障时，将进行报警。根据事故的严重程度，报警分为以下几个级别（按严重程度从高到低排序）：

① 特大灾害（严重程度 1）：包括隧道火灾，本站站台、站厅火灾。

② 灾害（严重程度 2）：包括车站附属用房火灾。

③ 普通灾害（严重程度 4）：列车在隧道内发生阻塞事故。

④ 故障（严重程度 6）：包括风机、水泵的设备故障，电动机过热（线圈温度、轴温超标）、变频器故障，冷水机组报警等。

⑤ 一般故障（严重程度 7）：控制器故障，通信中断，设备动作超时，传感器数据错误，污水泵水位越限，空调机组过滤器压差超限（过滤网阻塞），模拟量越限等。

二、报警处理原则

当站务人员发现有报警信息时，应及时处理，单击“查看汇总”，确认是否需要报告环调。一般原则：

对于一般故障（严重程度 7 级）报警，直接确认即可；

对于故障（严重程度 6 级）报警，应报环调，由环调根据实际情况处理；

对于普通灾害（严重程度 4 级）报警，主要依赖 OCC 来处理；在自动控制失去作用时，要根据环调人员的要求开启相应风机，并注意风机的转向；

对于灾害（严重程度 2 级）报警，在确认火情后，控制中心向相关车站发送相应的火灾模式，启动大功率事故风机，在自动控制失去作用时，站务人员要手动按下对应 IBP 盘上的按钮（车控室的 IBP 控制盘上），详见本项目任务四有关 IBP 盘的介绍。

对于特大灾害（严重程度 1 级）报警，通过 FAS，BAS 接口，接收 FAS 发送的火灾模式信号，BAS 系统根据火灾模式启动对应的事故运行模式，实现关联设备的运行，保证灾害情况下的通风设备的正常运行。在自动控制失去作用时，站务人员要手动按下对应 IBP 盘上的按钮（车控室的 IBP 控制盘上），详见本项目任务四有关 IBP 盘的介绍。

注意：

上述各种报警状况消除后，应全面检查设备状态，使其恢复到原始状态。对于灾害报警（含区间阻塞，区间火灾，车站火灾），BAS 系统同一时间只能执行一个事故模式，在未复位以前，对于再给出的事故模式信号，BAS 系统不会执行。

任务三　BAS 对空调系统的模式控制

BAS 可控制车站空调系统工作于大系统模式、小系统模式和隧道系统模式，上述三种系统模式下又分为：正常通风模式、停机模式、火灾模式、阻塞模式（仅隧道系统）。

一、空调大系统模式

1. 进入大系统模式界面

（1）主功能区中单击“模式”按钮。

（2）图层区单击“大系统”按钮，弹出如图 9-25 所示。

图 9-25　空调大系统模式界面

大系统模式监控界面左上角显示当前“正在执行模式”，界面右侧显示“设备动作状态”，界面左中侧可调整“控制方式”为“自动”或“手动”，当控制方式置为自动时，相应的手动下发模式按钮失效，当控制模式置为手动时，可手动下发相应模式如图 9-26 所示。

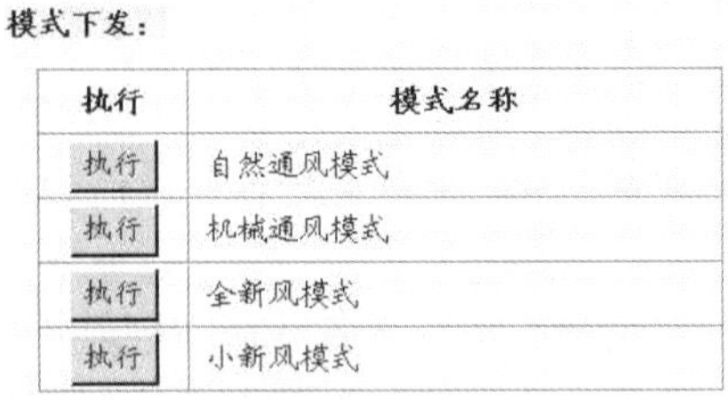

图 9-26　空调大系统手动“模式下发”界面

2. 手动下发模式步骤

（1）单击如图 9-27 所示的大系统“控制方式”中的手动按钮。

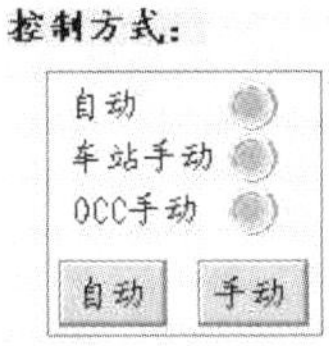

图 9-27　空调大系统“控制方式”界面

（2）单击图 9-28 界面中的 执行 按钮即可使车站空调大系统执行相应的模式。

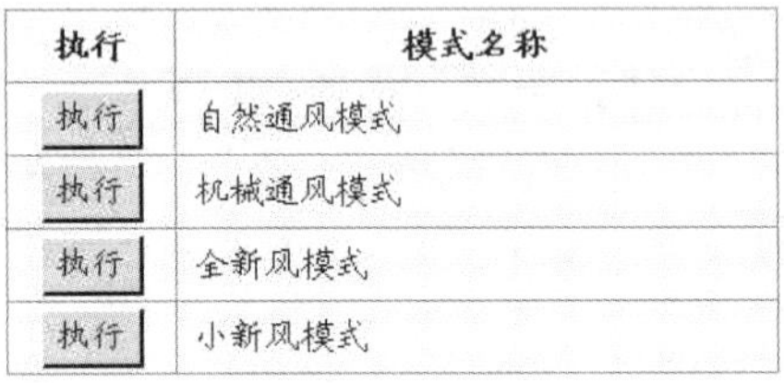

图 9-28　空调大系统“执行”相应模式的界面

3. 模式执行成功、失败查看方法

（1）第一种方法。

当大系统不论执行哪个模式（正常通风模式、火灾模式、区间阻塞模式或停机模式），操作人员可通过监控界面左上角的“正在执行模式”查看执行哪个模式及模式是否执行成功，如图 9-29 所示。执行查看界面中图示说明参见表 9-13。

图 9-29　空调大系统模式执行查看界面

表 9-13　空调大系统模式执行图示说明

编　　号	典型图素状态	说　　明
1		绿灯常亮：模式执行成功 红灯慢闪：模式执行失败
2	预留	执行模式说明

（2）第二种方法。

可通过监控界面右侧“设备动作状态” 查看模式执行情况，如图 9-30 所示。

模式执行成功：则模式动作项和实际动作项内容完全一致。

模式执行失败：则设备动作有一个或几个模式动作项内容和实际动作项内容不一致。

设备动作状态：

设备编号	模式动作	实际动作	设备编号	模式动作	实际动作
ZSF-A	——	Error	ZSF-B	——	Error
ZPF-A	——	Error	ZPF-B	——	Error
DM-A1	——	0%	DM-B1	——	0%
DM-A2	——	执行中…	DM-B2	——	执行中…
DM-A3	——	0%	DM-B3	——	0%
DM-A4	——	执行中…	DM-B4	——	执行中…
DM-A5	——	执行中…	DM-B5	——	执行中…
DM-A6	——	执行中…	DM-B6	——	执行中…
DM-A7	——	执行中…	DM-B7	——	执行中…

图 9-30　设备动作状态图

二、空调小系统模式

1. 进入小系统模式界面

（1）主菜单中单击“暖通模式”按钮。

（2）次菜单区单击“空调*”、“通风*”按钮，弹出如图 9-31 和图 9-32 所示界面。

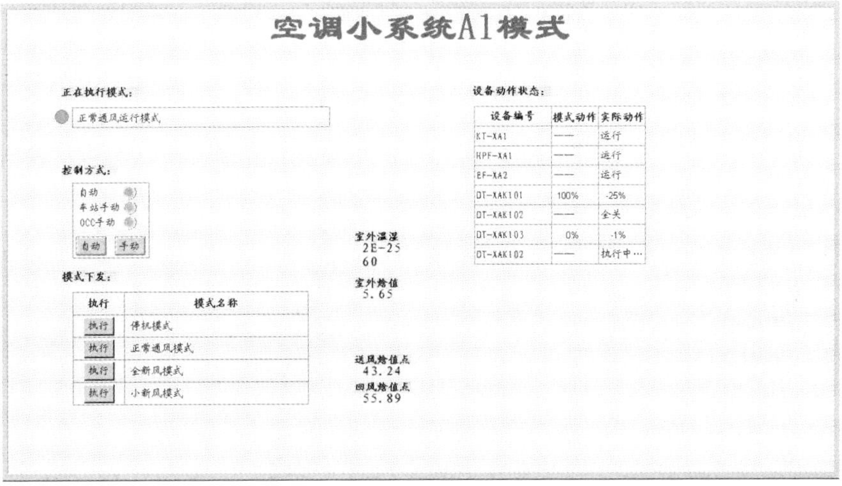

图 9-31　空调小系统 A1 模式图

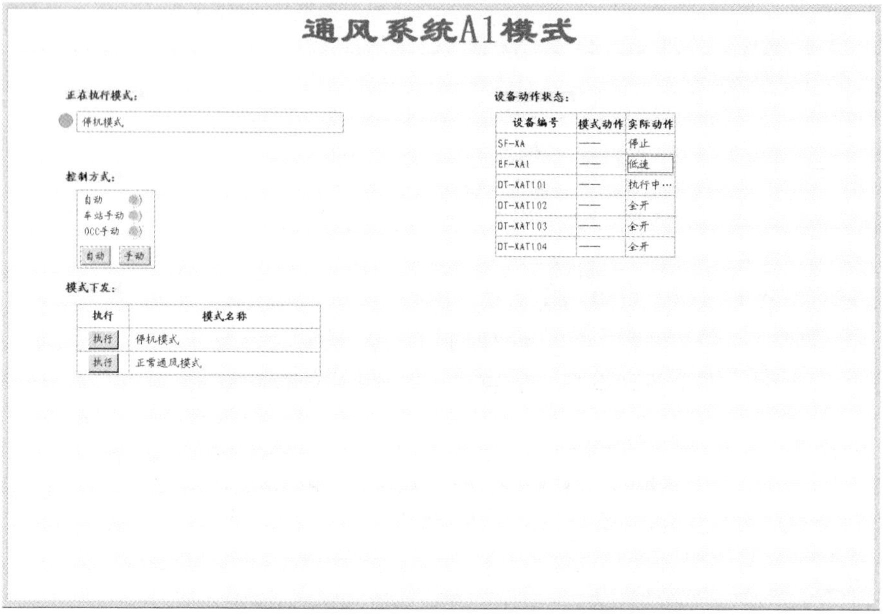

图 9-32　空调小系统通风系统 A1 模式图

小系统模式监控界面左上角显示当前“正在执行模式”，界面右侧显示“设备动作状态”，界面左中侧可调整“控制方式”为自动或手动，当“控制方式”置为自动时，相应的手动下发模式失效。当“控制方式”置为手动时，可手动下发模式。

2. 手动下发模式步骤

（1）单击如图 9-33 所示的空调小系统模式监控界面控制方式中的手动按钮。

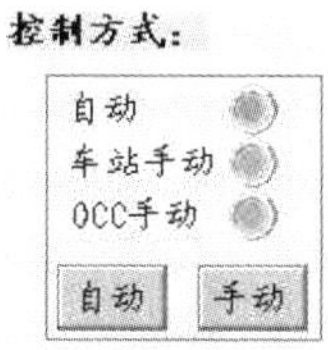

图 9-33　控制方式界面

（2）单击如图 9-34（a）或图 9-34（b）所示界面中的执行按钮，手动开启相应模式。

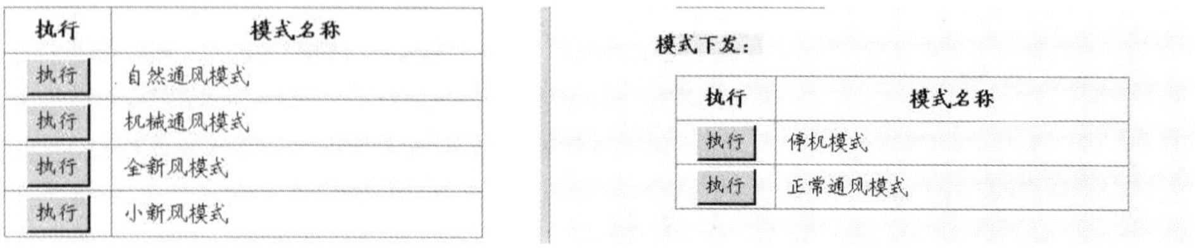

（a）　　（b）

图 9-34　“模式下发”界面

3. 模式执行成功、失败查看方法

（1）第一种方法。

当空调小系统不论执行哪个模式（正常通风模式，火灾模式，区间阻塞模式或停机模式），操作人员可通过如图 9-35 所示界面查看执行哪个模式及模式是否执行成功。模式执行图示说明参见表 9-14。

图 9-35　空调模式执行查看界面

表 9-14　小空调模式执行图示说明

编　号	典型图素状态	说　明
1		绿灯常亮：模式执行成功 红灯慢闪：模式执行失败
2	预留	执行模式说明

（2）第二种方法。

通过查看如图 9-36 所示的“设备动作状态”界面，了解设备动作情况。

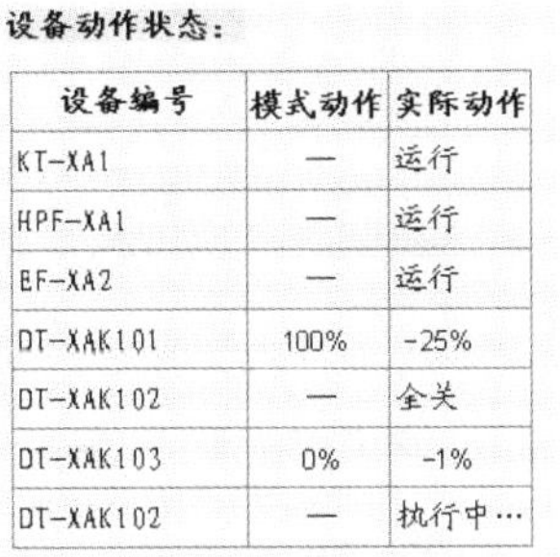

设备动作状态：

设备编号	模式动作	实际动作
KT-XA1	—	运行
HPF-XA1	—	运行
EF-XA2	—	运行
DT-XAK101	100%	-25%
DT-XAK102	—	全关
DT-XAK103	0%	-1%
DT-XAK102	—	执行中…

图 9-36　“设备动作状态”界面

模式执行成功：则模式动作项内容和实际动作项内容完全一致。

模式执行失败：则设备动作有一个或几个模式动作项内容和实际动作项不一致。

三、隧道系统模式

1. 进入隧道系统模式界面

（1）主功能区中单击“暖通模式”按钮。

（2）图层区单击“隧道系统”按钮，弹出如图 9-37 所示隧道系统模式界面。

隧道系统模式监控界面左上角显示当前“正在执行模式”，界面右侧显示“设备动作状态”，界面左中侧可调整“模式控制”为“自动”或“手控”，当“模式控制”置为“自动”时，相应的“手控”下发模式失效。当控制模式置为手控时，可手控下发如图 9-38 所示相应模式。

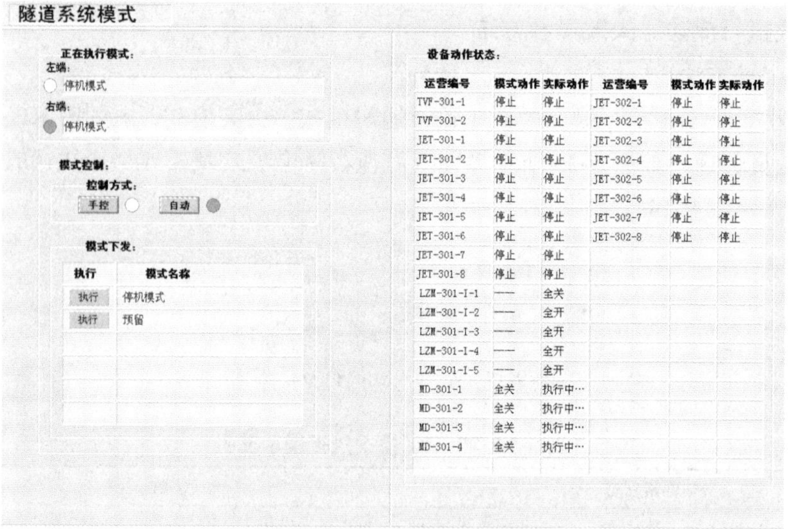

图 9-37　隧道系统模式界面

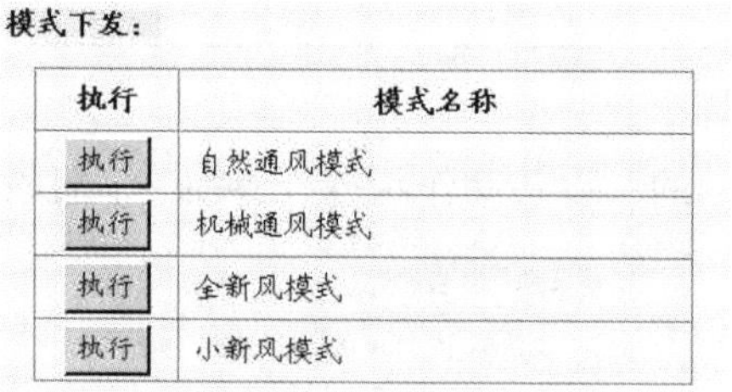
模式下发：

执行	模式名称
执行	自然通风模式
执行	机械通风模式
执行	全新风模式
执行	小新风模式

图 9-38　隧道系统“模式下发”界面

2. 手动下发模式步骤

（1）单击如图 9-39 所示的隧道系统模式监控界面控制方式中的“手动”按钮。

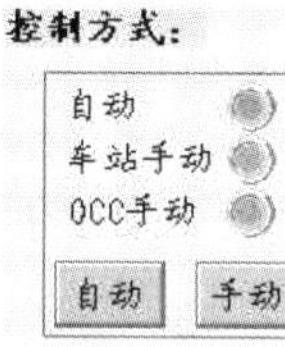

图 9-39　隧道系统“控制方式”界面

（2）单击图 9-40 界面中的执行按钮即可。

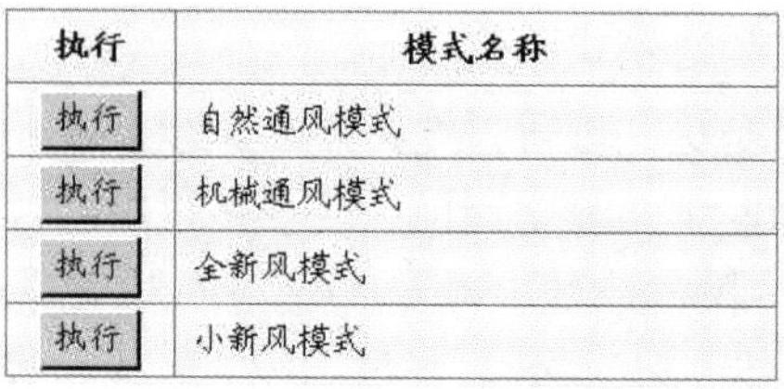

执行	模式名称
执行	自然通风模式
执行	机械通风模式
执行	全新风模式
执行	小新风模式

图 9-40　隧道系统“模式下发”界面

3. 模式执行成功、失败查看方法

（1）第一种方法。

当隧道系统不论执行哪个模式（正常通风模式，火灾模式，区间阻塞模式或停机模式），操作人员可通过如图 9-41 所示的模式执行查看界面查看执行哪个模式及模式是否执行成功。图示说明参见表 9-15。

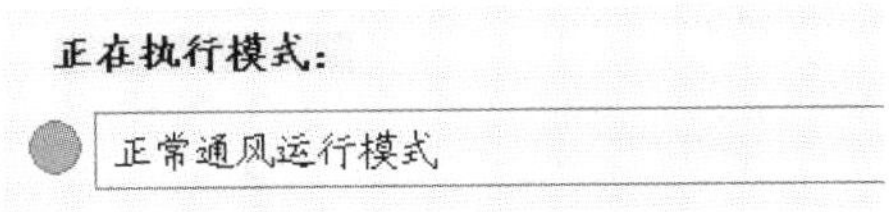

图 9-41　隧道系统“正在执行模式”查看界面

表 9-15　隧道系统执行图示说明

编　号	典型图素状态	说　明
1		绿灯常亮：模式执行成功 红灯慢闪：模式执行失败
2	预留	执行模式说明

（2）第二种方法。

通过查看如图 9-42 所示“设备动作状态”界面查看模式执行情况。

模式执行成功：则模式动作项内容和实际动作项内容完全一致。

模式执行失败：则设备动作有一个或几个模式动作项内容和实际动作项内容不一致。

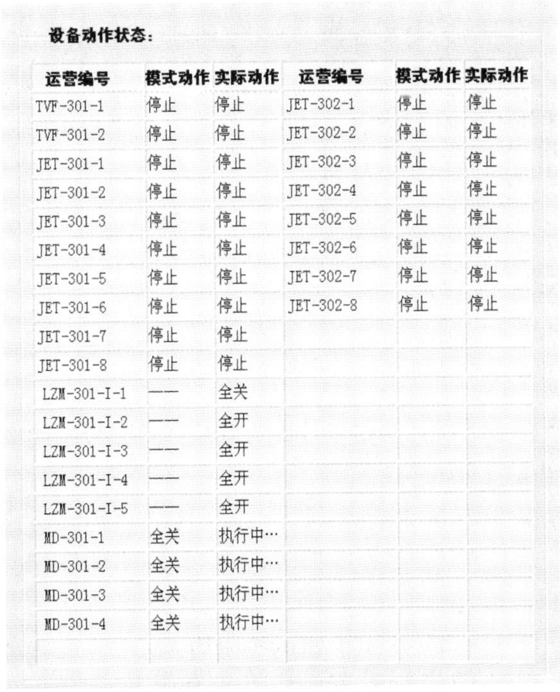

设备动作状态：

运营编号	模式动作	实际动作	运营编号	模式动作	实际动作
TVF-301-1	停止	停止	JET-302-1	停止	停止
TVF-301-2	停止	停止	JET-302-2	停止	停止
JET-301-1	停止	停止	JET-302-3	停止	停止
JET-301-2	停止	停止	JET-302-4	停止	停止
JET-301-3	停止	停止	JET-302-5	停止	停止
JET-301-4	停止	停止	JET-302-6	停止	停止
JET-301-5	停止	停止	JET-302-7	停止	停止
JET-301-6	停止	停止	JET-302-8	停止	停止
JET-301-7	停止	停止			
JET-301-8	停止	停止			
LZM-301-I-1	——	全关			
LZM-301-I-2	——	全开			
LZM-301-I-3	——	全开			
LZM-301-I-4	——	全开			
LZM-301-I-5	——	全开			
MD-301-1	全关	执行中…			
MD-301-2	全关	执行中…			
MD-301-3	全关	执行中…			
MD-301-4	全关	执行中…			

图 9-42　设备动作状态图

任务四　通过 IBP 盘实现火灾时设备的紧急控制

IBP 盘位于车控室操作台上，用于火灾时对车站空调系统各设备进行紧急操作。

一、车站火灾 IBP 盘

车站火灾 IBP 盘，如图 9-43 所示。

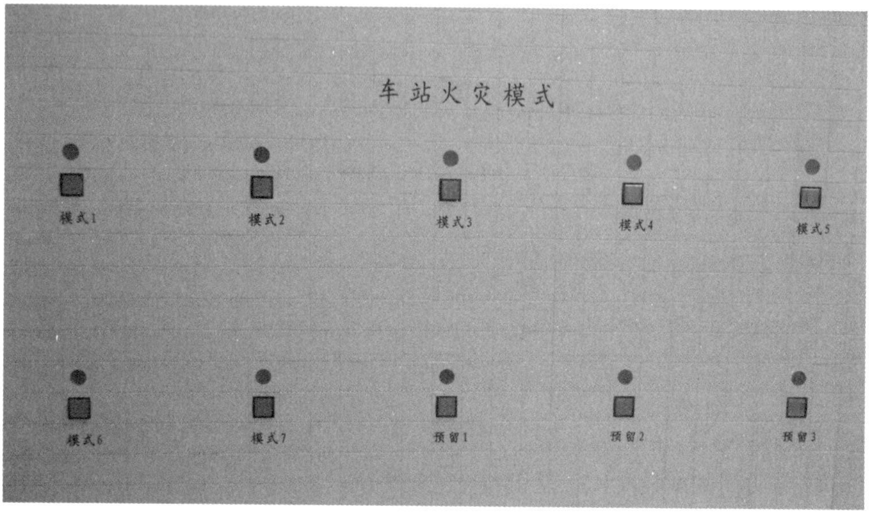

图 9-43　车站火灾 IBP 盘

车站火灾 IBP 盘为不带锁带灯按钮盘，按钮为带绿色指示灯可自锁的按钮。每个按钮表示一种车站火灾通风模式。

按下按钮后，按钮将不会自行弹起，且按钮灯亮。系统将按照该按钮代表的车站火灾通风模式动作，启动相应的通风系统设备。

再次按下该按钮，按钮弹起，按钮灯熄灭。系统复位，停止执行相应的火灾通风模式。

二、隧道火灾 IBP 盘

隧道火灾 IBP 盘为不带锁带灯按钮盘，按钮为带红色指示灯可自锁按钮。每个按钮表示一种隧道火灾通风模式。

按下按钮后，按钮将不会自行弹起，且按钮灯亮。系统将按照该按钮代表的隧道火灾通风模式动作，启动相应的通风系统设备。

再次按下该按钮，按钮弹起，按钮灯熄灭。系统复位，停止执行相应的火灾通风模式。

三、注意事项

（1）车站火灾 IBP 盘和隧道火灾 IBP 盘的按钮均无锁，且 IBP 盘为优先级最高的输入设备，一旦按下，系统将立即执行相应的动作模式。因此，不得随意按下该 IBP 盘的按钮。

（2）根据同一时间只发生一次火灾的设计原则，车站火灾 IBP 盘和隧道火灾 IBP 盘在同一时间内只能有 1 个按钮被按下。如果有 2 个或更多的按钮均被按下，系统将只接受最先按下的按钮的指令。

（3）由于 BAS 系统可能会接收到来自 FAS、OCC、IBP 盘的车站和隧道火灾信号，按照同一时间只发生一次火灾的设计原则，对火灾信息的处理优先级如下：

1 级（最高），车站 IBP 盘（包括车站和隧道火灾）；

2 级（次高），FAS-BAS 接口（车站火灾），OCC 下发（隧道火灾）；

同级别的火灾信号，先发优先级；

只有在原火灾复位之后，才接收新的同级信号。

思考与练习

1. 试说明车站设备控制系统的整体构成。
2. 如何实现控制系统的报警指示?
3. 试简述一般意义上的设备控制规律。
4. 如何保证控制系统的工作可靠性?
5. 试分析控制系统干扰源的产生与抗干扰措施。

参考文献 References

[1] 张宇河等. 计算机控制系统. 北京：北京理工大学出版社，1996.
[2] 张建民等. 机电一体化系统设计. 北京：北京理工大学出版社，1996.
[3] 隋鹏程. 地下工程通风与空调. 北京：冶金工业出版社，1982.
[4] 朱昌明等. 电梯与自动扶梯. 上海：上海交通大学出版社，1995.
[5] 吕俊芳. 传感器接口与检测仪器电路. 北京：北京航空航天大学出版社，1994.
[6] 华宏宇. 上海地铁一号线车站设备自控系统[J]. 地下工程与隧道，1996，(4)：34～37.
[7] 胡维颉. 地铁站台屏蔽门系统评述[J]. 地下工程与隧道，1997，(1)：27～30.
[8] 何宗华等. 城市轻轨交通车站机电设备运行与维修. 北京：中国建筑工业出版社，2005.
[9] 李建国. 城市轨道交通系统概论. 北京：机械工业出版社，2009.
[10] 上海申通地铁集团有限公司. 城市轨道交通概论. 北京：铁道出版社，2009.
[11] 费安萍. 城市轨道交通运输设备的运用. 成都：西南交大出版社，2008.

读者意见反馈表

书名：城市轨道交通车站设备　　主编：张莹　吴 冰　　策划编辑：徐　玲

谢谢您关注本书！烦请填写该表。您的意见对我们出版优秀教材、服务教学，十分重要。如果您认为本书有助于您的教学工作，请您认真地填写表格并寄回。**我们将定期给您发送我社相关教材的出版资讯或目录，或者寄送相关样书。**

个人资料

姓名__________年龄_____联系电话______________（办）______________（宅）_________________（手机）

学校____专业______________职称/职务___________________________

通信地址____ 邮编____________E-mail______________________________

您校开设课程的情况为：

本校是否开设相关专业的课程　□是，课程名称为____　□否

您所讲授的课程是____课时______________________________

所用教材____出版单位____________________________印刷册数__________

本书可否作为您校的教材？

□是，会用于____课程教学　□否

影响您选定教材的因素（可复选）：

□内容　□作者　□封面设计　□教材页码　□价格　□出版社

□是否获奖　□上级要求　□广告　□其他____

您对本书质量满意的方面有（可复选）：

□内容　□封面设计　□价格　□版式设计　□其他____________________________

您希望本书在哪些方面加以改进？

□内容　□篇幅结构　□封面设计　□增加配套教材　□价格

可详细填写：____

____

您还希望得到哪些专业方向教材的出版信息？

____

感谢您的配合，可将本表按以下方式反馈给我们：

【方式一】电子邮件：登录华信教育资源网（http://www.hxedu.com.cn/resource/OS/zixun/zz_reader.rar）下载本表格电子版，填写后发至 ve@phei.com.cn

【方式二】邮局邮寄：北京市海淀区万寿路 173 信箱华信大厦 1101 室 职业教育分社 （邮编：100036）

如果您需要了解更详细的信息或有著作计划，请与我们联系。

电话：010-88254591

反侵权盗版声明

电子工业出版社依法对本作品享有专有出版权。任何未经权利人书面许可，复制、销售或通过信息网络传播本作品的行为；歪曲、篡改、剽窃本作品的行为，均违反《中华人民共和国著作权法》，其行为人应承担相应的民事责任和行政责任，构成犯罪的，将被依法追究刑事责任。

为了维护市场秩序，保护权利人的合法权益，我社将依法查处和打击侵权盗版的单位和个人。欢迎社会各界人士积极举报侵权盗版行为，本社将奖励举报有功人员，并保证举报人的信息不被泄露。

举报电话：（010）88254396；（010）88258888

传　　真：（010）88254397

E-mail：　dbqq@phei.com.cn

通信地址：北京市海淀区万寿路 173 信箱

　　　　　电子工业出版社总编办公室

邮　　编：100036